Samuel João da Silveira

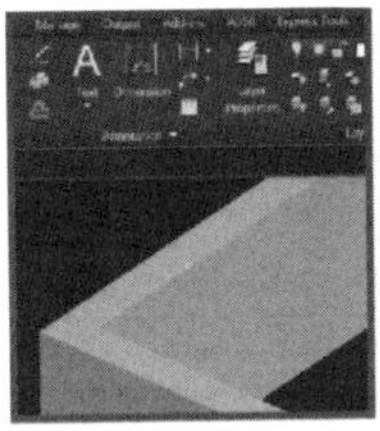

APRENDENDO AUTOCAD 2017 3D

COM O CADINHO
Um Professor 24 horas

Samuel João da Silveira

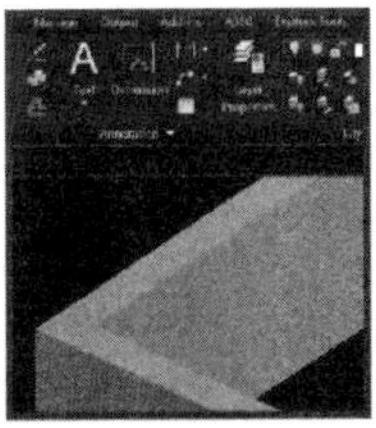

APRENDENDO AUTOCAD 2017 3D

COM O CADINHO
Um Professor 24 horas

EDITORA CIÊNCIA MODERNA

Aprendendo AutoCAD 2017 3D com o CADinho – um professor 24 horas

Editor: Paulo André P. Marques
Produção Editorial: Dilene Sandes Pessanha
Capa: Daniel Jara
Diagramação: Lucia Quaresma
Copidesque: Ana Cristina Andrade dos Santos

FICHA CATALOGRÁFICA

SILVEIRA, Samuel João da.

Aprendendo AutoCAD 2017 3D com o CADinho – um professor 24 horas

Rio de Janeiro: Editora Ciência Moderna Ltda., 2017.

1. Desenho Técnico – Engenharia gráfica
I — Título

ISBN: 978-85-399-0891-2 CDD 604.2

Editora Ciência Moderna Ltda.
R. Alice Figueiredo, 46 – Riachuelo
Rio de Janeiro, RJ – Brasil CEP: 20.950-150
Tel: (21) 2201-6662/ Fax: (21) 2201-6896
E-MAIL: LCM@LCM.COM.BR
WWW.LCM.COM.BR **04/17**

DEDICATÓRIA

À minha mãe, Lúcia Juvita da Silveira, que se sacrificou muito para me dar uma formação digna, por ter sempre me apoiado e acreditado em mim.

Aos meus irmãos, Natalina, Cidinei, Salmo, Daniel e Lúcia, por todo este tempo juntos e por sempre terem me dado muito apoio e incentivo.

Ao meu filho Davi Samuel N. da Silveira, por ter vindo com saúde e nos dar muita alegria.

À minha esposa Silvana Sueli N. da Silveira, pelo seu amor, dedicação e paciência comigo.

Em especial, dedico este livro *in memoriam* ao meu pai João Honorato da Silveira, pelo pouco tempo que pude conviver com ele, mas o suficiente por uma vida inteira.

AGRADECIMENTOS

Agradeço aos amigos professores do DACC do IFSC onde dou aula, pelo convívio.

Agradecimentos especiais aos amigos, por me ajudarem sempre que precisei, principalmente ao Robson da StampArt pela ajuda no desenho do Cadinho.

Aos meus alunos, que com suas dúvidas ajudaram no aperfeiçoamento do livro.

Também desejo deixar registrados os meus agradecimentos a todos os colegas que me acompanharam e a todos que me acompanham nesta vida acadêmica.

Agradeço ao meu professor e orientador de Doutorado Dr. Francisco Henrique de Oliveira.

Agradeço, é claro, a toda minha família e a Deus por me dar saúde para poder escrever este livro.

"Educação nunca foi despesa.
Sempre foi investimento com
retorno garantido".

Arthur Lewis

PREFÁCIO

Caro leitor, antes de dar continuidade à leitura deste livro e tirar conclusões precipitadas sobre a forma de escrita utilizada, permita-me esclarecer o motivo de ter usado uma linguagem simples e sem o formalismo habitualmente empregado nos livros didáticos.

Quando comecei a aprender a usar o AutoCAD, só pude ter duas aulas. Claro que somente com estas aulas não foi possível aprender muita coisa, por isso, tive que aprender sozinho. Assim, comecei a ler vários livros e apostilas sobre o programa. Entretanto, todos eram muito formais e não deixavam bem claro como usar cada comando. Preocupavam-se em mostrar todos os detalhes dos comandos, mas não esclareciam como utilizá-los. Parecia que precisávamos saber como usar o comando antes, para depois ter a capacidade de entender o que o livro pretendia com a explicação.

Devido às dificuldades que tive durante a aprendizagem do AutoCAD, comecei a pesquisar qual seria a melhor forma de escrever um material que esclarecesse bem o assunto, que não deixasse nenhuma dúvida para que você pudesse executar todos os comandos apresentados. Cheguei à conclusão de que o melhor modo seria explicando passo a passo cada operação e esquecer o formalismo linguístico usado nos demais livros.

Para conseguir isso, simplesmente escrevi o livro como se eu estivesse falando com você e tomando alguns cuidados para que não ficasse muito coloquial.

Com isso, espero que dentro de pouco tempo você possa ser mais um a entrar para este mundo fascinante do AutoCAD.

O Autor

INTRODUÇÃO

Aprender a usar o AutoCAD sem ter uma pessoa para lhe ensinar parece ser muito difícil, mas este livro foi escrito exatamente com o objetivo de ser o seu Professor particular.

Com **Aprendendo AutoCAD 2017 3D com o CADinho - um professor 24h**, você terá verdadeiras aulas particulares, sem ter que ficar se preocupando com o quanto terá que pagar após as aulas. Você talvez esteja se perguntando: mas como um livro fará isto? Como ele poderá dar aula particular se não passa de um simples livro?

Então irei explicar, caro aluno. Este livro foi escrito com as técnicas desenvolvidas para os cursos à distância. Sua linguagem é bem simples e objetiva. Além disso, o livro vem com um Professor particular que ficará 24 horas com você. Então, irei apresentar o seu mais novo Professor particular de AutoCAD, o Cadinho. Pensando bem, deixarei que ele mesmo se apresente.

Olá, tudo bem? Eu sou o Cadinho e você poderá contar sempre comigo para aprender a usar o AutoCAD. Não sei muito sobre você, mas sei que gostamos do AutoCAD e que você deseja aprender a usar este excelente programa. Por isso, deixe-me comentar como serão as aulas de AutoCAD. Elas serão diretas e objetivas, e você prestará atenção em minhas explicações, mas sempre com o AutoCAD ativo (aberto, rodando...). Tudo o que eu disser para ser feito, por favor, faça. Dessa forma, você praticará e fixará os comandos com muita rapidez. Pensando assim, antes de terminar a minha apresentação, deixarei uma mensagem: para que você tenha sucesso na aprendizagem, um dos fatores mais importantes é a observação.

Você deverá estar muito atento a tudo o que for feito no AutoCAD. Deverá prestar atenção em todas as suas ações e verificar quais foram as reações do AutoCAD. Seguindo estas dicas, você não terá problemas quando tiver que usar os mesmos comandos novamente. Então, até a primeira aula!

Você gostou do Cadinho? A minha função neste livro era somente apresentar o Professor para você. Então, até a próxima edição!

SUMÁRIO

Capítulo 3

Capítulo 4

Capítulo 6

CAPÍTULO 10

Apêndice A

Capítulo 1

CONHECENDO O MUNDO 3D

Para darmos início aos nossos estudos sobre AutoCAD 3D, inicialmente, carregue o AutoCAD e acesse a tela principal do programa. Até este momento você está num ambiente conhecido, o mundo 2D do AutoCAD. Na figura 1.1 você poderá ver a tela inicial do AutoCAD no ambiente 2D.

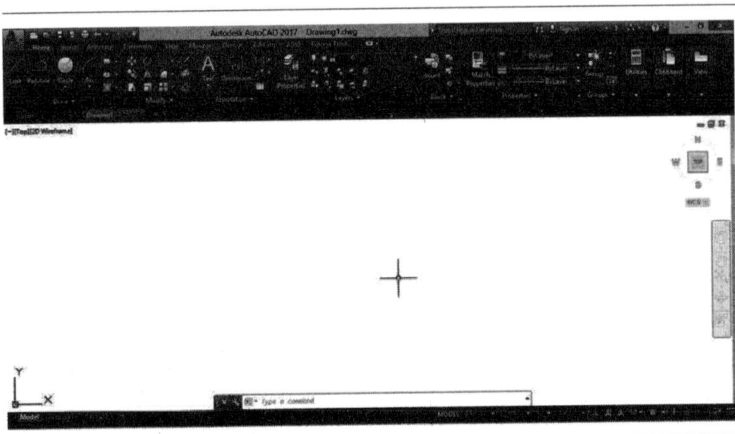

Figura 1.1: Tela inicial do AutoCAD 2017, modo 2D.

A nova versão do AutoCAD manteve a estrutura do programa em Guias e Painéis conforme vem fazendo desde a versão 2009. Na versão 2017, os gráficos foram melhorados e alguns comandos foram realocados na tela.

Na sequência, veremos como fazer para sair desse ambiente de trabalho 2D para o ambiente 3D.

AMBIENTE DE TRABALHO 3D

Vamos entrar no mundo 3D do AutoCAD.Para tanto, precisamos sair do plano para o espaço tridimensional. Antes, vamos trocar o modo de edição padrão 2D do AutoCAD para o modo 3D. A figura 1.2 mostra o canto inferior direito da tela do AutoCAD.No lado esquerdo (a), você pode visualizar o comando *Workspace Switching*. É através dele que faremos a troca do modo 2D para 3D. Logo, clique com o botão esquerdo do mouseem *Workspace Switching* e mova o cursor para *3D Modeling*conforme mostra afigura 1.2(b). Assim que o campo *3D Modeling* ficar destacado, você poderá clicar com o botão esquerdo e observar o AutoCAD fazer as alterações necessárias. Conforme a configuração do seu computador, este processo pode ser um pouco lento.O resultado pode ser visto na figura 1.3.

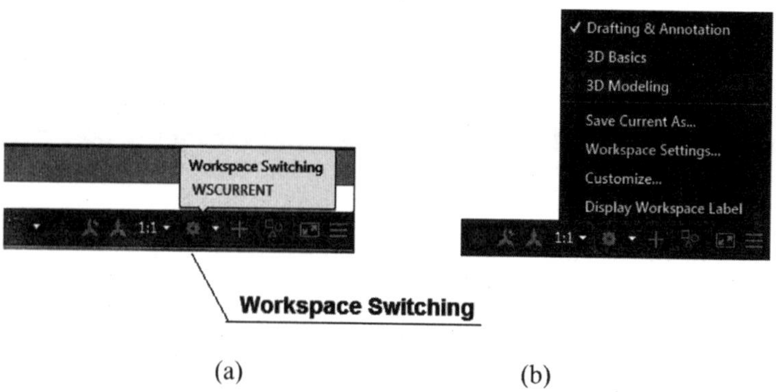

FIGURA 1-2: Alterando entre o modo de edição 2D para o 3D.

Após alterar o modo de edição para 3D, a tela do AutoCAD ficará de acordo com a apresentada na figura 1.3,sendo que nesse caso escolheu-se a opção *3D Modeling* porque apresenta mais comando nas guias, facilitando o nosso trabalho.

O próximo passo para trabalharmos no mundo 3D é sair do plano e irmos para o tridimensional. Para isso,clique com o botão esquerdo em *Unsaved View*, no *Painel View*,conforme indica a seta da figura 1.4(b). Em seguida, aparecerá um menu suspenso com várias opções. Neste menu, as primeiras opções são para vistas planas (*Top, Bottom, Front, Back, Left* e *Right*) e as últimas são para vistas 3D (*Southwest Isometric, Southeast Isometric, Northeast Isometric* e *Northwest Isometric*).

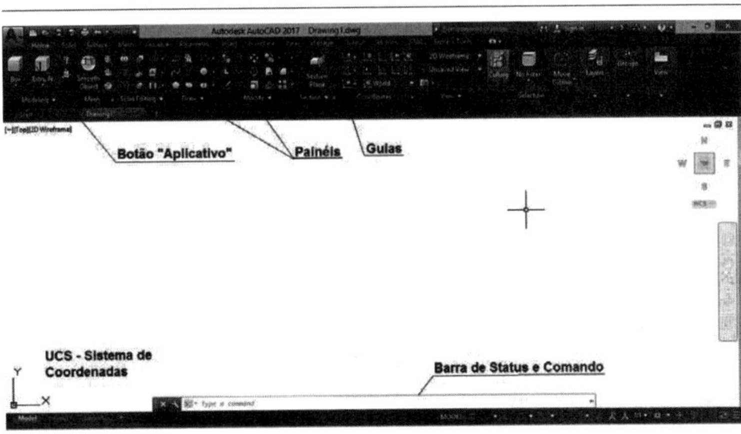

Figura 1-3: Tela inicial do AutoCAD 2017 - Modo 3D.

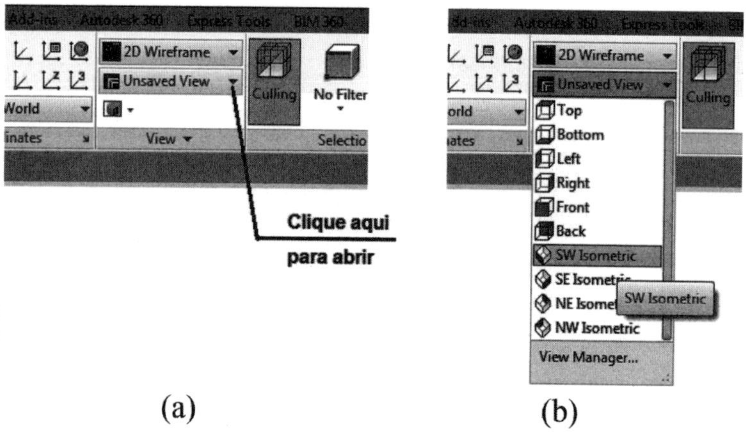

FIGURA 1-4: Painel de ferramentas View.

Vamos acionar a opção *SW Isometric View* que está indicada na figura 1.4(b), clicandocom o botão esquerdo sobre a mesma. Assim, saímos do plano e passamos para uma visão espacial. Observe que os eixos cartesianos *X*, *Y* e *Z* mudaram de posição,conforme é apresentado na figura 1.5.

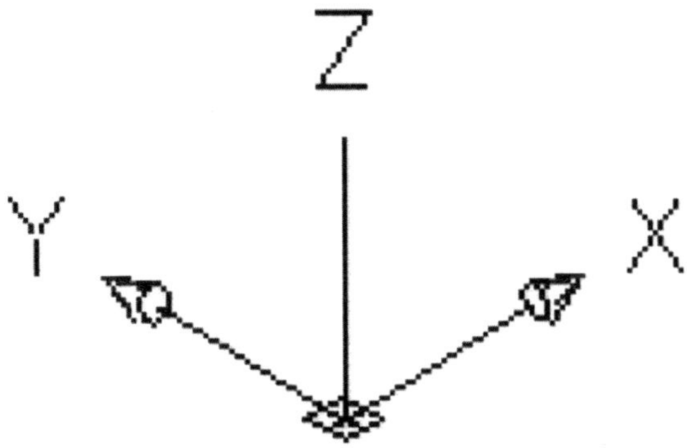

FIGURA 1-5: UCS usando SW Isometric View.

Outra forma de acessar as vistas é através da Guia*Visualize*, no Painel *Views*, e escolhendo a vista desejada.

Na forma que estamos acostumados a desenhar (desenhos 2D), trabalhamos sempre numa vista superior, ou seja, é como se estivéssemos vendo o desenho exatamente em um ponto acima do mesmo. Por exemplo, na figura 1.6 temos um desenho de um paralelepípedo, porém é apresentado numa vista superior. O resultado é como se você estivesse vendo somente a face superior do paralelepípedo, já que as demais faces estão fora do campo da sua visão.

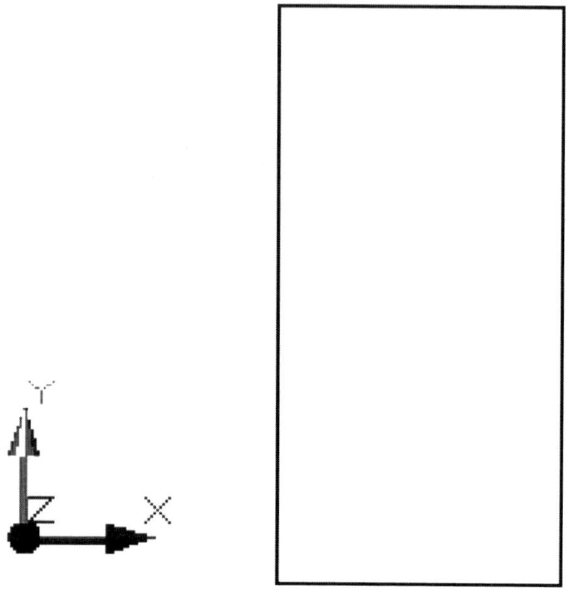

Figura 1-6: Paralelepípedo visto de uma vista superior.

Saindo do ponto de vista superior e deslocando um pouco para as laterais, temos uma vista isométrica. Faça a seguinte experiência para verificar a diferença entre uma vista superior e uma isométrica: pegue uma caixa de fósforos e aproxime-a do seu peito (coloque a face superior para cima); veja que desta forma você só conseguirá ver a face superior da caixa de fósforos. Esta é a vista em que você trabalha para fazer os desenhos 2D. Afaste a caixa de fósforos de você e veja que, além de ver a face superior, é possível visualizar duas faces laterais. Esta é uma das vistas isométricas. Na figura 1.7, pode-se ver o paralelepípedo numa vista isométrica.

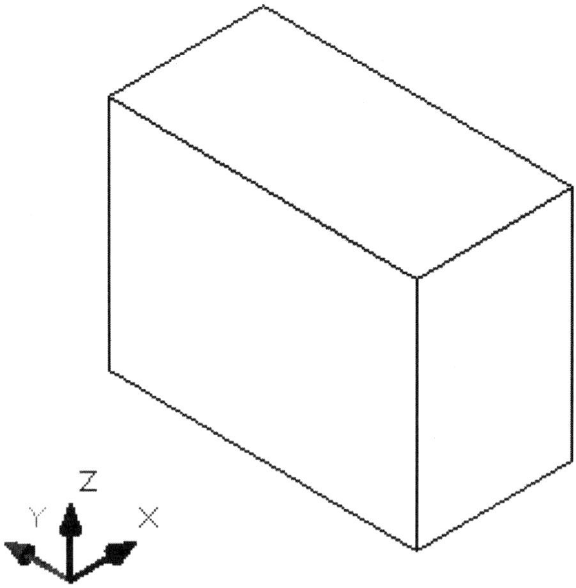

FIGURA 1-7: Paralelepípedo visto em isométrica.

VIEWPORTS

Até agora podemos visualizar os desenhos em um único ponto de vista por vez. Em inúmeras situações facilitaria muito poder ter dois ou mais pontos de vista ao mesmo tempo. Assim, poder-se-ia ter uma vista isométrica e também visualizar as três principais vistas do sólido. Ou ter uma vista geral do desenho e outra que apresentasse partes dele com escala de visualização (*Zoom*) maior.

Para alterar a divisão da tela, é muito simples. Clique na Guia Visualizee observe o comando *Viewport Configuration*  no Painel *Model Viewports*, clique na seta que aparece logo abaixo do mesmo e veja as opções disponíveis, conforme ilustrado na figura 1.8.

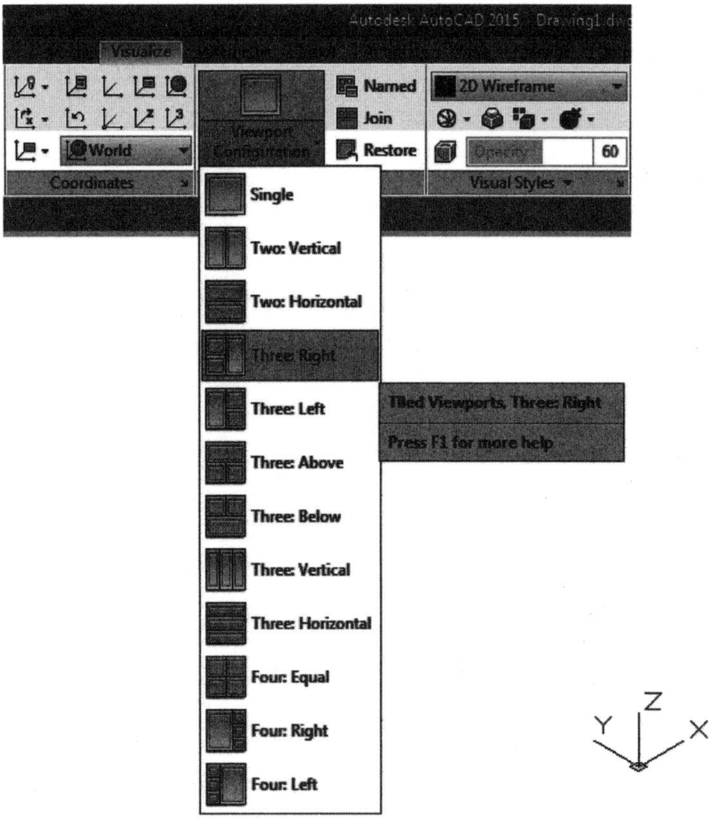

FIGURA 1-8: Guia Visualize - Painel Model Viewport.

Assim que você clicar em uma das opções apresentadas na figura 1.8, a área de trabalho ficará de acordo com a opção selecionada. Caso você deseje voltar para o formato padrão, você pode selecionar *Single* . Uma forma mais rápida é você clicar diretamente em *Restore*  no Painel *Model Viewports*.

Ainda no Painel *Model Viewports*, temos outra opção que nos ajuda a organizar a área de trabalho, o comando *Named* .

Assim que chamar o comando *Named*, aparece a caixa de diálogo *Viewports*, a qual você pode ver na figura 1.9. Este comando pode ser acessado digitando-se *VPORTS* e pressionando-se *Enter*.

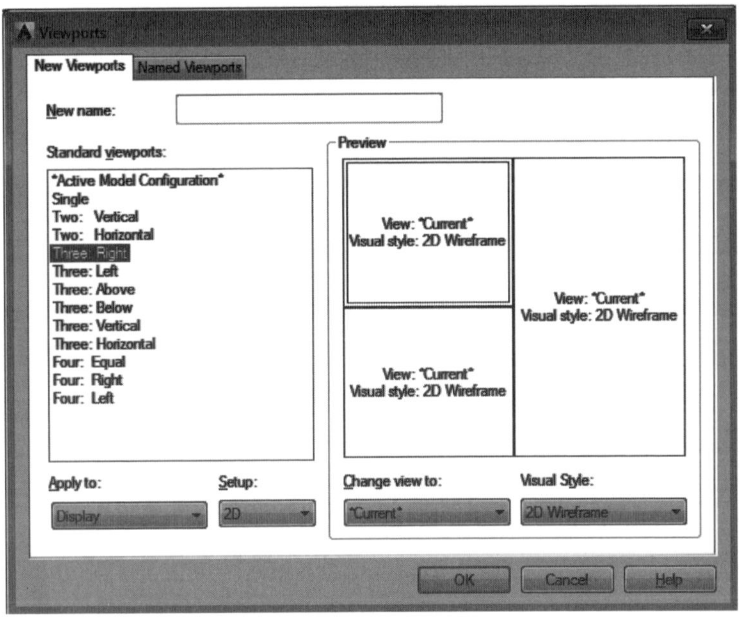

Figura 1-9: Caixa de diálogo Viewports> New Viewports.

Vejamos as principais funções desta caixa de diálogo.

Aba New Viewports

Em *Standard viewports* são apresentados vários padrões de *Viewports*. Clicando com o botão esquerdo nas opções de *Viewports*, automaticamente, aparece um preview (pré-visualização) da opção selecionada. Na figura 1.9 foi selecionada a opção *Three: Right* (Três: Direito). Observe que essas opções são as mesmas que foram apresentadas na figura 1.8.

No campo *New name*, pode-se definir um nome para o *viewport* que será usado. Primeiramente selecione o tipo de *viewport* desejado, digite um nome para ele e clique em *Ok*.

Aba Named Viewports

Clicando nesta opção, a caixa de diálogo *Viewports* ficará conforme é apresentada na figura 1.10. No campo *Named Viewports* são apresentados os nomes dos *viewports* criados através da opção *New name*,como mostra a figura 1.10. Foi criado o seguinte

viewport:Cinco Esquerdo. Para criar, essa divisão, proceda da seguinte forma: primeiramente escolha a opção *Four Left* e feche a janela,usando a opção *Four: Left.*Assim que selecionara opção, feche a janela. Em seguida, a área de trabalho será dividida de acordo com a opção selecionada. Para criar mais uma divisão, clique no maior*Viewport* (tela da direita). Em seguida, observe que o contorno do mesmo ficou azul. Leve o cursor sobre a linha azul que divide os quatros*Viewports*, figura 1.11, e observe que o cursor muda a forma e fica com duas pequenas setas. Assim que isso ocorrer, pressione a tecla Ctrl e clique com o botão esquerdo do mouse movimentando o limite do Viewport. Mova-o para a direita até ficar a metade do Viewport. Na sequência solte a tecla e o botão do mouse. Pronto, está dividido.

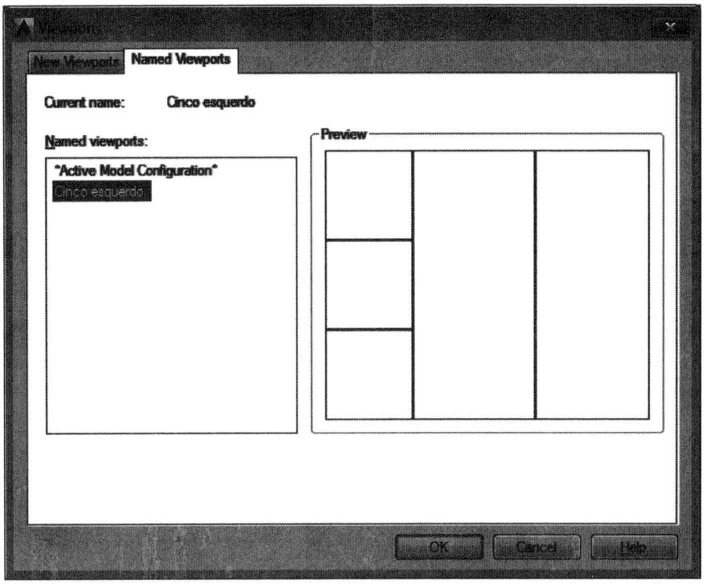

Figura 1-10: Caixa de diálogo Viewports – Named Viewports.

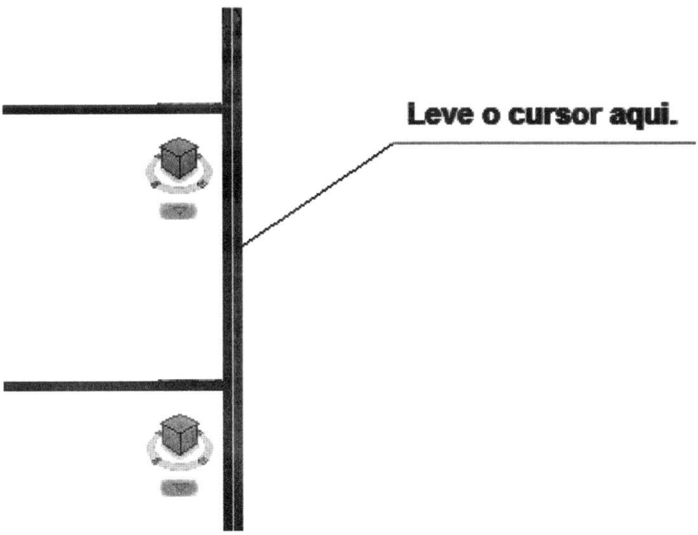

Figura 1-11: Dividindo Viewports.

Para nomear esta nova área de janela, clique novamente em *Named* e, na sequência, digite o nome da nova área de trabalho em *New Name* e clique em Ok.

Para você voltar a ter somente um *Viewport*, basta selecionar a opção*Single* na figura 1.8 ou escolher *Named* .

Agora que você já conhece como organizar a tela do AutoCAD, vamos conhecer um pouco sobre o sistema de coordenadas do AutoCAD. Para tanto, conversaremos no capítulo seguinte sobre esse assunto.

CAPÍTULO 2

SISTEMAS DE COORDENADAS

Para facilitar a construção dos desenhos, o AutoCAD possui dois sistemas de coordenadas. Um deles tem como principal característica o fato de ser imutável, por isso que o AutoCAD o utiliza internamente para fazer todas as suas operações. Este sistema é conhecido como WCS (*World Coordinate System*).

O outro sistema de coordenadas é o UCS (*User Coordinate System*). É neste sistema que trabalhamos. Com ele podemos modificar a localização da origem, bem como a orientação dos planos XY, XZ e YZ em relação ao WCS.

A REGRA DA MÃO DIREITA

Como vamos trabalhar num espaço tridimensional, precisamos saber como são as orientações entre os eixos de coordenadas X, Y e Z. Talvez você nunca tenha parado para pensar se estes eixos obedecem a alguma regra ou se é possível orientá-los da forma que se desejar. Não sei o que você pensa sobre isto, mas o certo é que entre estes três eixos há uma regra de orientação muito simples. Esta regra é conhecida como *Regra da Mão Direita*.

Com esta regra podemos determinar os sentidos dos eixos. Vejamos: vamos supor que você conheça os sentidos dos eixos X e Y (figura 2.1); pegue o seu dedo indicador e oriente-o no sentido positivo (crescente) do eixo Y; com o polegar você orienta no sentido positivo do eixo X; agora movimente o seu dedo médio de forma que ele fique perpendicular ao indicador, assim o dedo médio indicará o sentido positivo do eixo Z.

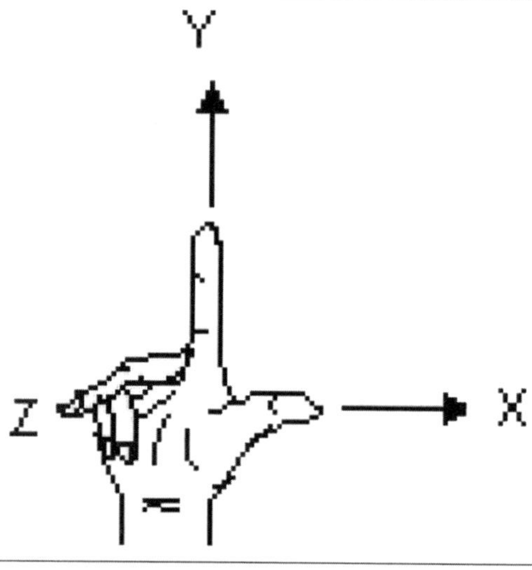

Figura 2.1: Sentido positivo dos eixos.

Além desta regra, há outra, também utilizando a mão direita e que serve para indicar a direção positiva de rotação.

Caso fosse necessário girar um objeto qualquer no sentido positivo de rotação em relação ao eixo *Z*, e supondo que você esteja em pé sobre o eixo *Z*, exatamente na origem do sistema de coordenadas, para qual lado você giraria, caso fosse pedido o lado positivo de rotação?

Para responder a esta pergunta, você usaria a *Regra da Mão Direita*, porém de uma forma um pouco diferente da apresentada anteriormente. Esta regra é muito simples: abra a sua mão direita e junte todos os dedos, exceto o polegar. Pegue o seu dedo polegar e indique o sentido positivo do eixo de rotação; agora, curve os dedos, ou seja, feche a mão (figura 2.2). O sentido em que você fechou a mão é o sentido de rotação positiva.

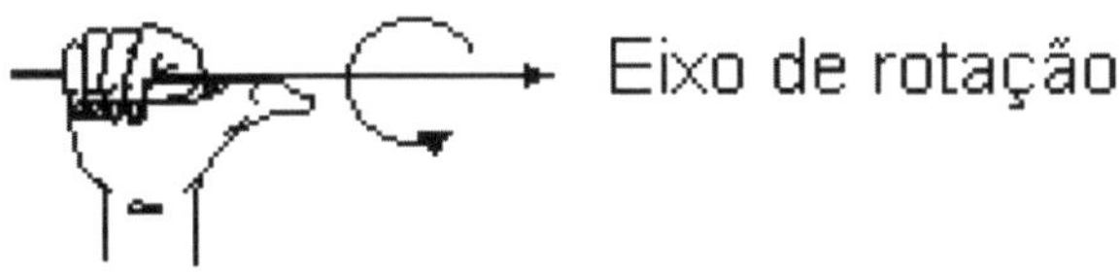

Figura 2.2: Sentido de rotação positivo.

Desta forma, para você responder à pergunta feita anteriormente, você precisa simplesmente usar a *Regra da Mão Direita*. Portanto, pegue o seu dedo polegar, posicione para cima e curve os outros dedos. O sentido de rotação será o mesmo que o sentido anti-horário. Veja a figura 2.3.

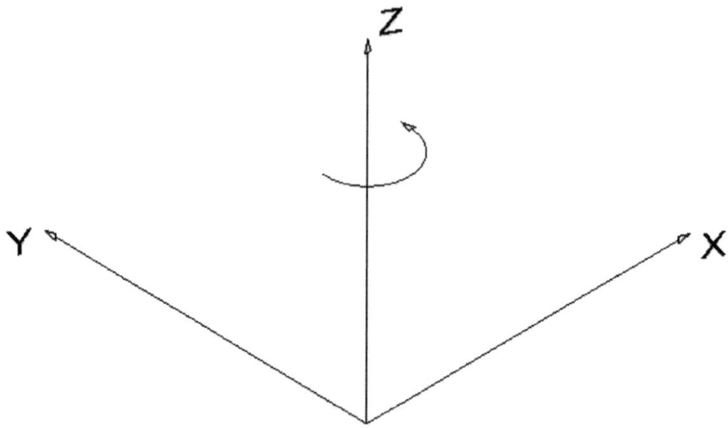

Figura 2.3: Sentido positivo do eixo Z.

COORDENADAS CARTESIANAS

Para podermos fazer desenhos em 3D, precisamos estar muito familiarizados com as coordenadas espaciais, pelo menos com a retangular.

Quando trabalhamos em 2D, precisamos somente especificar duas coordenadas para o AutoCAD: X e Y. Em 3D será preciso especificar mais uma coordenada além destas duas. Esta coordenada é a altura (*Z*). Desta forma, em vez de você simplesmente digitar uma coordenada X,Y (no caso de 2D), você digitará X,Y,Z. Isto, no caso de desejar usar coordenada cartesiana absoluta. Se preferir usar coordenada cartesiana relativa, simplesmente digite o @ antes da coordenada. As diferenças entre coordenadas absoluta e relativa em 3D são as mesmas que existem em 2D (você pode conhecer um pouco mais no Capítulo 4 - Aprendendo AutoCAD 2015: Simples e Rápido). Por ser muito mais prático, normalmente se usa a coordenada cartesiana relativa.

Na figura 2.4 temos a representação gráfica de como funciona o sistema de coordenada cartesiana tridimensional.

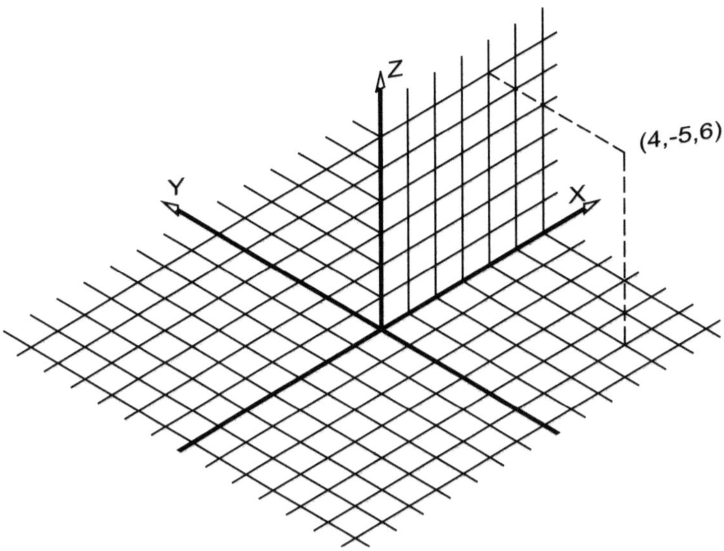

Figura 2.4: Sistema de coordenada cartesiana.

Para deixar claro como funciona a coordenada cartesiana em 3D, no exemplo a seguir será explicado detalhadamente como podemos desenhar um paralelepípedo usando somente linhas.

Porém, antes de darmos continuidade, preciso informá-lo que há algumas versões anteriores.O AutoCAD vem trabalhando com entradas dinâmicas e isso facilitou muito a nossa vida. O que normalmente encontramos por aí é que a entrada dinâmica (*Dynamic Input* ) apresenta os comandos e as informações diretamente no cursor, o que torna a barra de status sem grandes funções. No entanto, além de fazer isso, a entrada dinâmica faz com que, ao digitarmos uma coordenada, a mesma passe a ser relativa ao ponto que estamos trabalhando e não mais absoluta. Ou seja, a regra geral é que sempre estamos usando coordenadas relativas. Quando desejarmos usar uma coordenada absoluta, temos que digitar o # (gralha, sustenido, jogo da velha...) antes da coordenada.

Na versão que estamos trabalhando do AutoCAD, a função *Dynamic Input* já vem ativa. Para desligar, você pode simplesmente digitar *dynmode*, pressionar enter, digitar 0 e pressionar enter novamente. Assim você desligou toda a opção do *Dynamic Input*. Para ligá-la novamente, basta repetir o procedimento digitando *dynmode*, pressionando enter e desta vez digitando 3. Outra forma de você ligar e desligar o *Dynamic Input* é clicando no ícone .

A figura 2.5 ilustra como fazer para aparecer o ícone 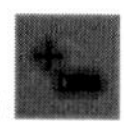 do comando *Dynamic Input*.

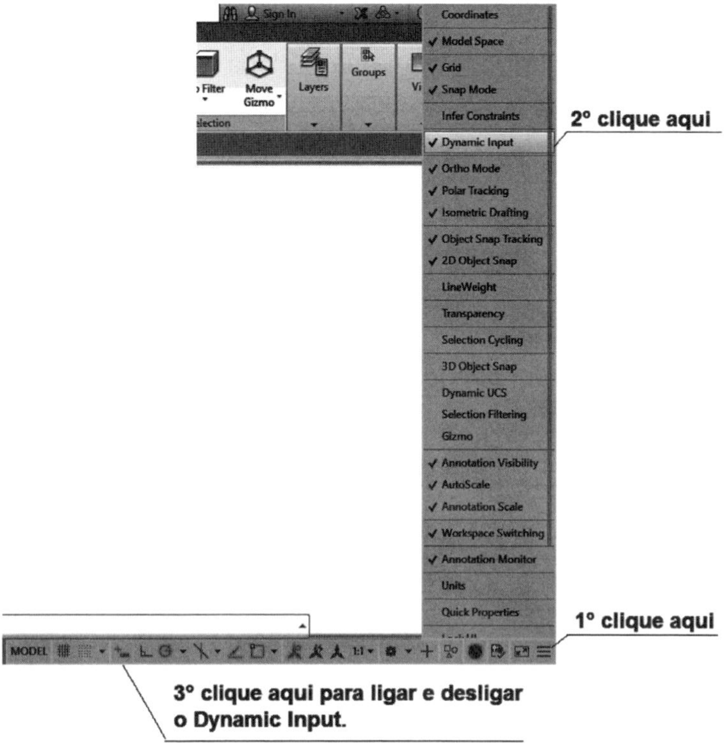

FIGURA 2.5: Procedimento para aparecer o ícone da Dynamic Input.

Conforme você pode observar na figura 2.5, para aparecer o ícone do comando *Dynamic Input*, você precisa clicar no *Customization*, canto inferior direito. Depois, assim que aparecer o menu suspenso, clique em *Dynamic Input*. Automaticamente aparecerá o ícone do comando *Dynamic Input*. Se o desenho do ícone estiver azul, é sinal de que ele está ativo. Para desligar, basta clicar novamente.

Então vamos aos exemplos para explicar um pouco sobre as coordenadas. Para deixar claras as diferenças entre as coordenadas absolutas e relativas, apresentarei inicialmente os exemplos considerando que o *Dynamic Input* está desligado. Depois explicarei brevemente o que mudaria se estivesse ligado.

Exemplo de Coordenada Cartesiana Absoluta

Neste exemplo deseja-se fazer o desenho de um paralelepípedo com comprimento 100, largura 40 e altura 60. Veja a figura 2.6.

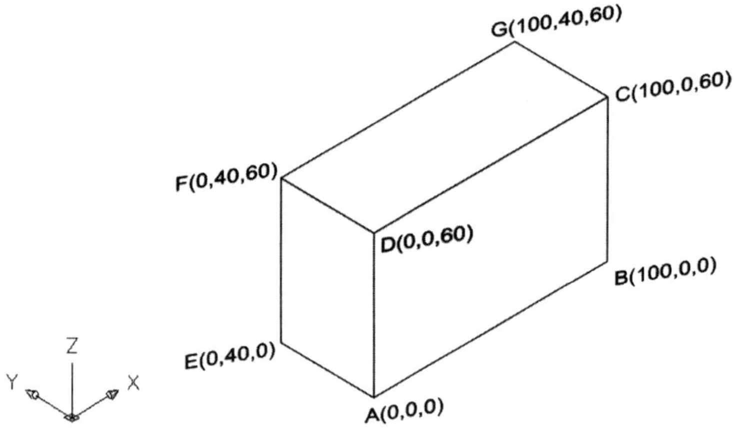

Figura 2.6; "Paralelepípedo" - Coordenada cartesiana absoluta.

Para ser possível visualizar o resultado dos comandos que serão executados neste exemplo, você precisará estar no *UCS Southwest Isometric* , que é uma vista isométrica na direção sudoeste em relação ao objeto (Capítulo 2 - Conhecendo o Mundo 3D). Neste caso, o ícone do *UCS* deverá estar da forma apresentada na figura 1.5. Porém, antes de você clicar diretamente no modo de visualização *UCS Southwest Isometric* , alteraremos a área de trabalho para ficar com quatro *viewport*, sendo três deles no lado esquerdo apresentando as vistas em 2D (frontal, superior e lateral direita) e a tela principal apresentando o Isométrico, conforme apresentando na figura 2.7.

Para fazermos isso, proceda da seguinte forma: clique em *Named* localizado no Painel *Model Viewports* da Guia Visualize. Em seguida, a caixa de diálogo *Viewports* aparecerá, figura 2.7. Na sequência, clique em *Four: Left*. Aparentemente ficou de acordo com o apresentado na figura 2.7, mas se você observar mais atentamente verá que está um pouco diferente. Observe se em *Setup* está aparecendo 3D, provavelmente deverá estar aparecendo 2D. Se estiver 3D, mantenha, caso não, clique na seta e selecione 3D. Os três *viewports* laterais devem estar corretos, o primeiro (de cima para baixo) *Front 2D Wireframe*, o segundo *Top 2D Wireframe* e o terceiro *Right 2D Wireframe*. O Viewport principal deve estar aparecendo *SE Isometric*, neste caso usaremos *SW Isometric*. Para alterar, clique no botão abaixo de *Change view to* e selecione a opção *SW Isometric.* Antes de fechar a janela, digite o nome do formato da área de trabalho que você está criando em *New name*. Neste caso, usamos o nome: Quatro esquerda 3D. Finalmente, clique em Ok para finalizar o comando.

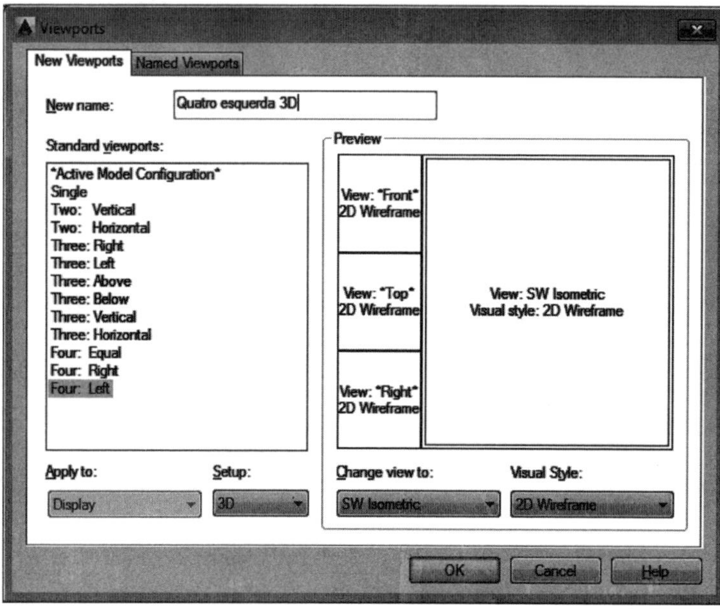

FIGURA 2.7: Caixa de diálogo Viewports.

Concluído a definição do layout da área de trabalho, podemos dar início ao desenho. Porém, lembre-se de que, quando não for dito nada, estarei considerando que estamos trabalhando no *Viewport* principal, ou seja, no maior deles. Os outros três *Viewports* servirão somente para você ver automaticamente as três vistas do que está sendo feito no *Viewport* principal.

Então, vamos lá! Só relembrando que faremos primeiramente considerando que o *Dynamic Input*  está desligado.

Primeiramente chame o comando *Line*. O primeiro ponto será definido na origem do AutoCAD. Portanto, digite *0,0,0* e pressione *Enter*. Caso você não esteja vendo o ponto que acabou de definir, clique sobre o comando *Pan*

, mantenha o botão esquerdo pressionado e movimente o cursor até que apareça este ponto. Em seguida, pressione *Enter* para finalizar o comando *Pan* (ou simplesmente clique e mantenha pressionado o botão scroll do mouse e movimente-o, o comando Pan é automaticamente acionado). Agora vamos definir o ponto *B* (figura 2.6). Digite *100,0,0* e pressione *Enter* para finalizar. Caso não apareça o fim da linha que você acabou de fazer, não se preocupe e faça a próxima linha que resolveremos isso na sequência. Digite *100,0,60* e pressione *Enter.* Assim fixamos o ponto *C*. Para as três linhas aparecerem por inteiro na tela, use o comando *Zoom Extents*. Para tanto, digite "Z", pressione enter, digite "E" e pressione enter. Você pode repetir esse procedimento para os outros três *Viewports*.

Se você não saiu do comando *Line* e continua no ponto C, aguarde um momentinho, mas se saiu chame novamente o comando *Line*, digite 100,0,60 e pressione enter. Continuando, então, do Ponto C, para determinar o ponto *D*, digite *0,0,60* e pressione *Enter.* Vamos fazer a linha *DA*.Para isto, digite novamente *0,0,0*, pois A é a origem, e pressione *Enter.* Digite *0,40,0* e pressione *Enter* para definir o ponto E. Para fazer o ponto F, digite 0,40,60 e pressione enter. O ponto G é definido digitando-se *100,40,60* e em seguida, pressionando-se *Enter.* A linha *GC* é definida digitando-se novamente a coordenada do ponto C(*100,0,60*) e pressionando-se *Enter.* Pressione *Enter* mais uma vez para encerrar o comando.

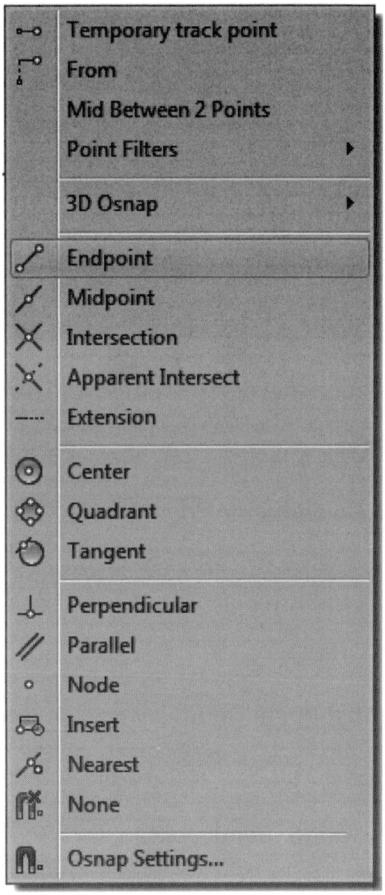

Figura 2.8:
Shift mais o botão direito.

Está faltando somente desenhar a linha FD. Em vez de usarmos novamente as mesmas coordenadas absolutas, simplesmente usaremos as ferramentas de precisão. Chame o comando *Line*, pressione *Shift* e o botão direito do mouse ao mesmo tempo. Aparecerá um menu suspenso que pode ser visto na figura 2.8.

Clique sobre a opção *Endpoint*, mova o cursor para o ponto D e, quando a ferramenta de precisão selecionar o ponto D, clique no botão esquerdo. Em seguida, pressione *Shift* juntamente com o botão direito do mouse, selecione a opção *Endpoint*, mova o cursor para o ponto F e, assim que a ferramenta de precisão selecionar o ponto F, clique no botão esquerdo. Pressione *Enter* para finalizar.

Desta forma, desenhamos um paralelepípedo usando somente linhas. Talvez você não tenha observado, mas usamos durante todo o processo a coordenada cartesiana absoluta. Por que foi feito desta forma se anteriormente foi mencionado que normalmente se usa coordenada relativa? Isso para mostrar que é possível trabalhar com as coordenadas absolutas, porém observe que neste exemplo foi possível usar somente coordenada absoluta porque o primeiro ponto (A) tinha uma coordenada conhecida e de fácil operação (0,0,0). Por isso, foi possível determinar todos os demais pontos sem a necessidade de se fazer muitos cálculos.

Vamos supor que o ponto A tivesse coordenada (13,25,30). Qual seria a coordenada do ponto G? Certamente você há de concordar que o valor desta coordenada não é tão simples de se determinar quanto foi para o caso anterior. A nova coordenada para o ponto G seria (113,65,90). Estes valores foram determinados da seguinte forma: 113 = 13 + 100; 65 = 25 + 40; 90 = 30 + 60, lembrando que 100, 40 e 60 são as três dimensões do paralelepípedo, comprimento, largura e altura, respectivamente.

E se o ponto A fosse um ponto qualquer do AutoCAD? Se em vez de digitarmos uma coordenada para o ponto A, simplesmente clicássemos num ponto qualquer da área de trabalho do AutoCAD, como faríamos neste caso?

Isto é o que normalmente ocorre na prática. Por isto, usaremos a coordenada cartesiana relativa.

No caso da função *Dynamic Input*  estiver ligado, se você usar essas coordenadas, não irá obter o mesmo resultado. Para poder usar a coordenada absoluta com a função *Dynamic Input*ligada, você precisa digitar o # na frente das coordenadas.

Vejamos no próximo exemplo se é possível fazer o mesmo desenho, porém usando coordenadas relativas.

PRATICANDO COORDENADA CARTESIANA RELATIVA

Lembrando novamente que faremos este exemplo considerando que o *Dynamic Input*  está desligado.

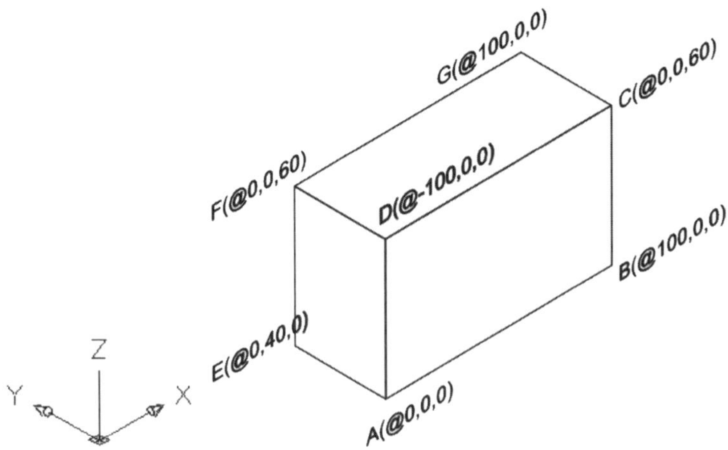

FIGURA 2.9: "Paralelepípedo" - Coordenada cartesiana relativa.

Chame o comando *Line*, clique num ponto qualquer da área de trabalho para definir o ponto A (Figura 2.9), de preferência clique no centro inferior da área de trabalho. Como o paralelepípedo tem comprimento 100, o ponto B terá coordenada *@100,0,0*. Digite-a e pressione *Enter*. Para definir o ponto C a partir de B, é necessário somente deslocar 60 unidades na direção de Z (altura). Como estamos usando coordenadas relativas, o ponto B será a origem para o próximo ponto. Assim, a coordenada que define C é *@0,0,60*. Digite esta coordenada e pressione *Enter*.

Para definir o ponto D, a partir de C, é necessário caminhar 100 unidades para o sentido negativo do eixo *X*. A coordenada deste ponto será *@-100,0,0*. Digite esta coordenada e pressione *Enter*. A linha DA é definida digitando-se *@0,0,-60* e pressionando-se *Enter*. Você usou *-60* porque está se deslocando no sentido negativo do eixo *Z*. No caso do ponto *E*, desloca-se no sentido positivo do eixo *Y*. Por isto, a próxima coordenada é @0,40,0, digite-a e pressione *Enter*.

No caso do ponto F, o procedimento é o mesmo realizado para a linha BC. Portanto, digite *@0,0,60* e pressione *Enter*. A linha FGtem o mesmo procedimento usado para a linha AB, digite *@ 100,0,0* e pressione *Enter*.

Para fazer a linha *GC*, simplesmente digite *@0,-40,0* e pressione *Enter* por duas vezes para finalizar o comando. A linha DF pode ser feita facilmente da seguinte forma: chame o comando *Line*, clique no ponto D (*Shift* mais o botão direito e escolha *Endpoint*), clique em F (use *Endpoint*) e pressione *Enter* para finalizar.

O desenho apresentado na figura 2.9 é concluído.

Observe que usamos o @ antes das coordenadas porque estamos considerando que o *Dynamic Input* está desligado. Caso estivesse ligado, a diferença seria somente que você não precisaria digitar o @ antes das coordenadas, o que facilita muito o nosso trabalho.

Para deixar claro que podemos usar as ferramentas já conhecidas do 2D, vamos fazer novamente o mesmo exemplo, porém usaremos a função *Copy* além da função *Line*. Se desejar, você poderá usar o comando *Erase* e apagar tudo o que foi feito até o momento; se não, pode fazê-lo ao lado do mesmo.

PRATICANDO COORDENADA CARTESIANA E FUNÇÃO *COPY* EM 3D

Só para não esquecer, neste exemplo consideraremos que o função *Dynamic Input*  está desligada. Por isso, será usado o @. Caso esteja ligado, você não precisa usar o @ antes das coordenadas.

Começaremos definindo o ponto A (figura 2.10). Chame o comando *Line* e clique num ponto qualquer da tela. Em seguida, digite *@100,0,0* e pressione *Enter*. Desta forma define-se a linha AB. Para a linha BC, digite *@0,0,60* e pressione *Enter*. Finalmente, digite *@0,40,0* e pressione *Enter* duas vezes. Com isto, conclui-se a parte em que é necessário o uso do comando *Line*. O resultado é apresentado na figura 2.10 em linhas contínuas.

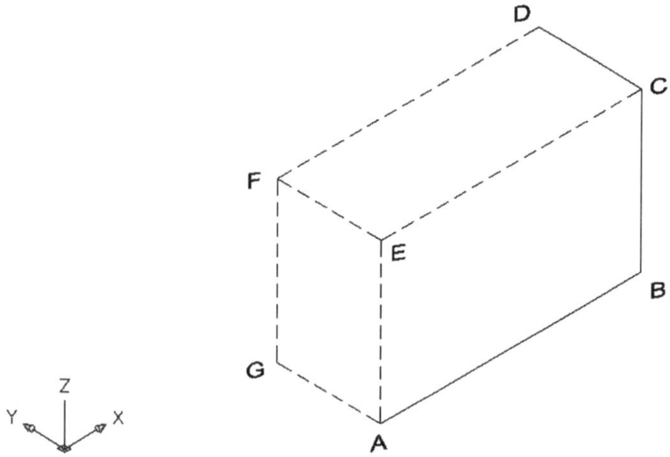

Figura 2.10: "Paralelepípedo" - usando Line e Copy.

Tudo que está representado na figura 2.10 por linhas tracejadas será realizado usando somente o comando *Copy*. O procedimento é o mesmo que você usava quando copiava um objeto no plano (*2D*); a única diferença é que agora estamos trabalhando no espaço tridimensional.

Portanto, chame o comando *Copy*, clique na linha AB e pressione *Enter*. Agora é preciso definir o ponto de base. Para isto, clique no ponto B (use *Endpoint*). É possível criar quantas cópias da linha AB você desejar, mas vamos nos limitar somente a duas linhas: EC e FD. Dessa forma, clique no ponto C (use *Endpoint*), no ponto D e pressione *Enter*.

Agora vamos fazer as linhas AE e GF. Chame o comando *Copy*, clique na linha BC e pressione *Enter*. Neste caso, clique no ponto base que será o ponto C. Novamente poderemos fazer quantas cópias desejarmos. Clique no ponto E, em seguida, no ponto F e, para finalizar, pressione *Enter*.

Estão faltando somente as linhas EF e AG. Então vamos copiar a linha CD. Chame o comando *Copy*, clique em *CD*, pressione *Enter* e clique no ponto *C*. Clique nos pontos *E* e *A* (use *Endpoint*) e pressione *Enter*. O resultado é apresentado na figura 2.9.

Talvez você possa ter se perguntado por que nos três exemplos a palavra "paralelepípedo" está entre aspas. A resposta é porque o que acabamos de fazer na verdade não é um paralelepípedo, mas sim algumas linhas que estão nas mesmas posições das arestas de um paralelepípedo. Certamente não deve ter ficado muito claro, mas fique tranquilo que será explicado melhor.

Um paralelepípedo, além destas arestas que desenhamos, tem mais três e possui seis superfícies, isto é, faces. Se desenharmos um paralelepípedo usando somente linhas, não teremos as faces, somente as arestas. Vejamos um exemplo simples que mostrará bem esta diferença.

Pegue doze pedaços de madeiras finas (sarrafos, ripas) e pregue-os de modo a formar um paralelepípedo. Em seguida, pegue oito pedaços de papelão e cole em cada face do paralelepípedo modelo. Assim você terá um paralelepípedo. Enquanto você não colocou os pedaços de papelão, o que havia era o equivalente a fazer um paralelepípedo somente de linhas.

No item *Extrude* - Extrudar será mostrado um dos modos de se fazer um paralelepípedo.

Coordenadas Cilíndricas

Outra forma de coordenada que o AutoCAD possui é a cilíndrica. Para entender o funcionamento deste tipo de coordenada, é necessário ter o conhecimento da coordenada polar usada em 2D. Caso você não tenha o domínio desta coordenada, veja a explicação bem detalhada no livro Aprendendo AutoCAD 2015 - Simples e Rápido.

É necessário o conhecimento da coordenada polar porque ela é a base da coordenada cilíndrica. A única diferença entre estas coordenadas está na adição de um argumento na coordenada cilíndrica, a do eixo Z. O valor Z define a distância perpendicular do plano XY.

A figura 2.11 apresenta um exemplo em que foi localizado o ponto (5<-30,6). O valor 5 corresponde a cinco unidades deslocadas ao longo do eixo X, o valor -30 indica que foi deslocado trinta graus em relação ao eixo X, porém no sentido contrário ao positivo, desta forma, o resultado obtido equivale a um deslocamento de 330 graus no sentido positivo. Já o valor 6 representa que foram deslocadas 6 unidades no sentido do eixo Z.

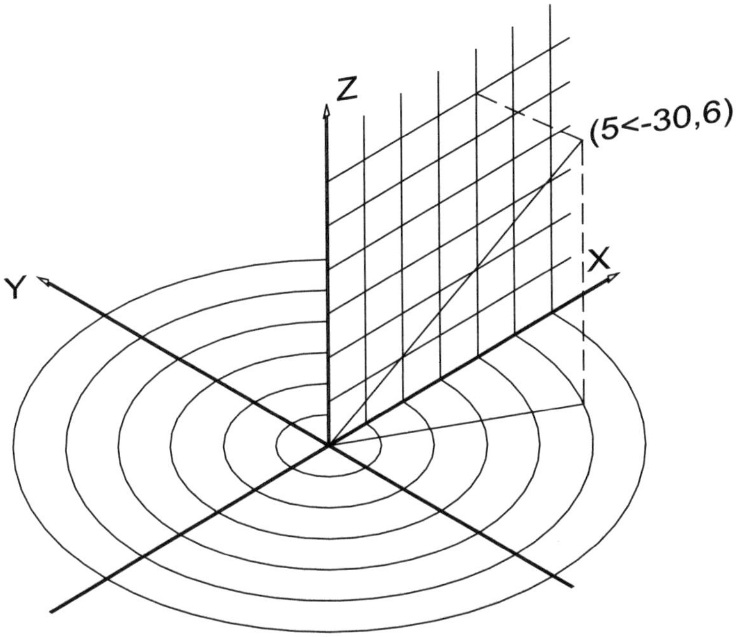

Figura 2.11: Sistema de coordenada cilíndrica.

Assim como a coordenada cartesiana, a cilíndrica possui coordenada relativa. O princípio de funcionamento é o mesmo da coordenada cartesiana relativa, ou seja, no caso da coordenada relativa, o zero poderá ser qualquer outro ponto. No caso do desenho de uma linha, por exemplo, assim que se definir o primeiro ponto, este se torna o ponto de origem do sistema de coordenada relativa. Isto é válido para coordenada cartesiana, cilíndrica e esférica.

Coordenadas Esféricas

A coordenada esférica é muito parecida com a cilíndrica, com uma pequena diferença para se especificar o último argumento da coordenada. No caso da cilíndrica, especifica-se uma distância em relação ao plano XY através de unidades de comprimento, sendo esta distância perpendicular ao plano mencionado. Na coordenada esférica, esta distância é definida através de um ângulo em relação ao plano XY.

Na figura 2.12 é apresentado um exemplo da localização do ponto 5<-30<45.

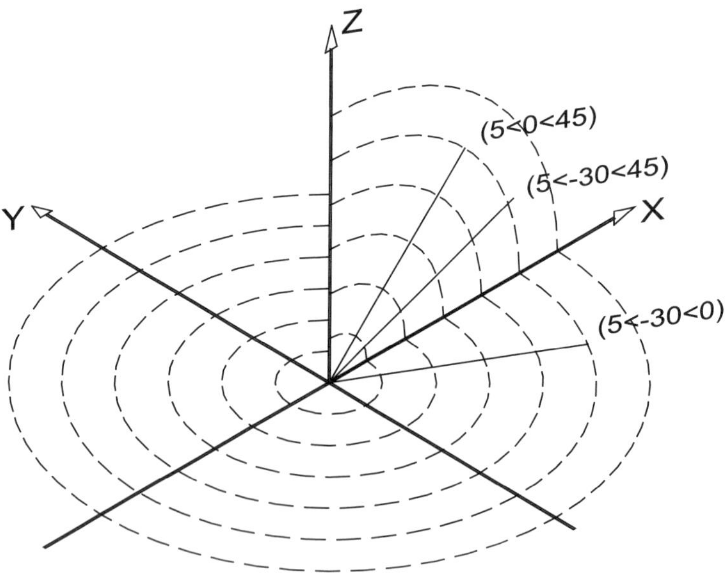

Figura 2.12: Sistema de coordenada esférica.

O valor 5 corresponde ao tamanho da linha que, desta forma, possui 5 unidades de comprimento. O número -30 indica que a linha será rotacionada 30 graus em relação ao eixo X, porém no sentido horário (negativo). Já o valor 45 representa o afastamento da linha em relação ao plano XY, neste caso a linha está afastada 45 graus.

O funcionamento da coordenada esférica relativa é o mesmo das demais coordenadas relativas.

Capítulo 3

COMANDOS I: CRIAR SÓLIDOS A PARTIR DE OBJETOS 2D

Antes de comentar sobre os comandos que permitem transformar os objetos de 2D em 3D, vamos discutir um pouco sobre polilinhas. Você sabe o que é uma polilinha? É um conjunto de linhas, podendo este conjunto ter uma ou várias linhas.

Para transformar linhas em polilinhas, usa-se o comando *Edit Polyline* , que pode ser acessado digitando-se *pedit* ou através do Painel *Modify* na Guia *Home*, conforme você pode observar na figura 3.1.

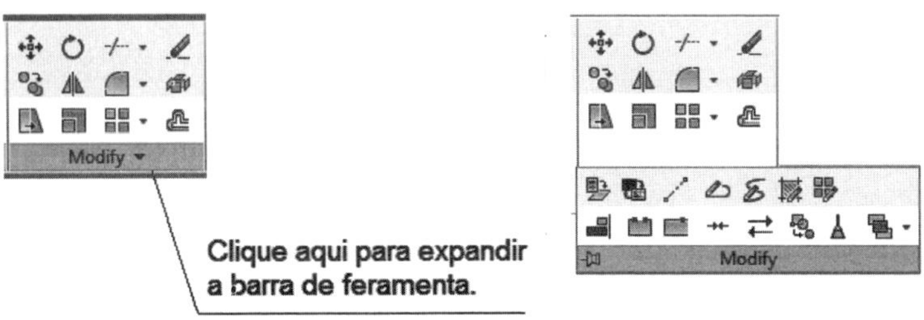

Figura 3.1: Painel de ferramentas Modify.

O uso deste comando é muito simples. Chame-o e clique sobre a linha que deseja transformar numa polilinha. O AutoCAD perguntará se você deseja transformar esta linha numa *polyline* (polilinha), pressione *Enter* para confirmar. Em seguida, aparecerão várias opções e, caso você não deseje adicionar mais linhas a esta polilinha, pressione *Enter* que o comando se encerrará. Se você desejar adicionar mais linhas, digite *J* (*Join*) e pressione *Enter*. Agora clique sobre as linhas que você desejar adicionar, mas estas linhas precisam ter um ponto em comum e estar em sequência (Figura 3.2). Com todas as linhas já selecionadas, pressione *Enter*. Agora as linhas são uma polilinha. Se você desejar, pode pressionar enter que o comando finaliza. Mas, se você preferir, pode fechar a poligonal. Para tanto, digite C e pressione *Enter* (Close). Assim o AutoCAD cria um segmento para fechar a poligonal. Em seguida, você retornará para as opções do menu *Edit Polyline*. Para finalizar o comando, pressione *Enter*.

Caso queira fazer diretamente uma polilinha, você pode usar o comando *Polyline*, que se encontra no Painel *Draw* da Guia *Home*, ilustrado pelo ícone . O procedimento é o mesmo usado para uma linha.

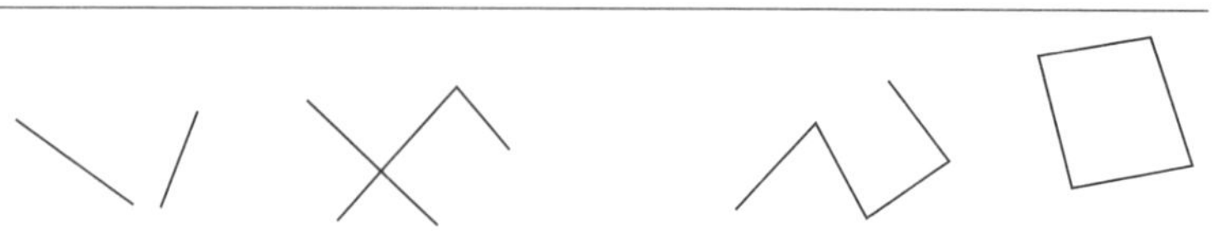

Figura 3.2: Construindo uma polilinha.

Esta breve explicação sobre polilinhas foi apresentada porque os comandos que serão vistos em seguida, necessitam, em alguns casos, do uso de *Polyline*.

Deste ponto em diante usarei algumas simbologias:

	indica o caminho para se chegar no ícone do comando.
	indica a tecla de atalho para o respectivo comando.
	indica o que deve ser digitado e seguido pressionado *Enter.*
chame a função / chame o comando	significa que você deverá clicar com o botão esquerdo do mouse sobre a respectiva tecla de atalho. Se preferir, digite o nome do comando e,em seguida, pressione *Enter.*

Para facilitar o esclarecimento sobre os comandos que serão explicados nos capítulos 3, 4 e 5, observe o painel de ferramentas *Modeling* (figura 3.3). Através dele você poderá inserir sólidos em 3D, clicando na seta indicada próxima ao prisma (Box) da figura 3.3.

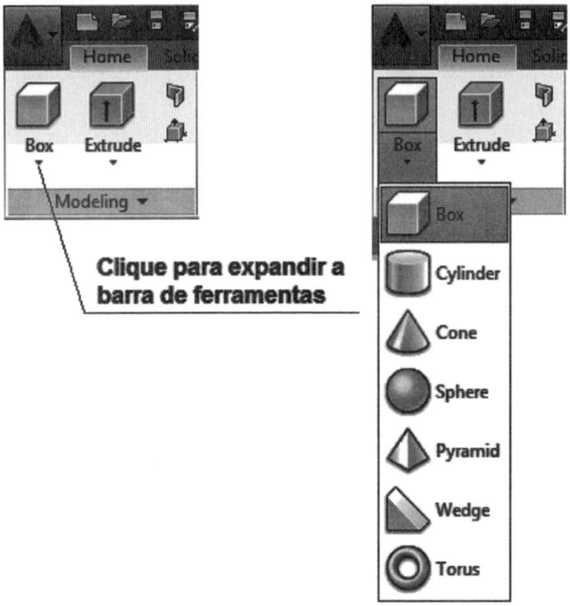

Figura 3.3; Painel de ferramentas Modeling.

Lembre-se dos significados de cada ícone:

- ***Caminho do ícone do comando;***
- ***Tecla de atalho para o comando;***
- ***Digitar o comando e pressionar enter;***
- ***Chame a função: clicar no ícone do comando ou digitar o atalho e pressionar enter.***

EXTRUDE (EXTRUDAR)

Guia Home → Painel Modeling

Atalho: 

Comando: *Extrude*

Este comando pega um objeto em 2D (circunferência, elipse, polígono, polilinha) e o transforma em 3D. Existem duas formas de se fazer: definindo a altura para o novo sólido ou especificando um caminho. Logo, você precisa fazer antes um objeto 2D para usar o *Extrude*. Vejamos como funciona.

Procedimento: chame a função, clique sobre o objeto que deseja extrudar e pressione *Enter* para indicar que você não deseja mais selecionar objetos. O AutoCAD apresentará algumas opções.Vejamos as principais:

- Especificar uma altura (*Height*). Digite o valor da altura e pressione *Enter* ou dê um clique para definir a altura diretamente pelo cursor. Você poderá ver o resultado da interação diretamente após entrar com a altura e pressionar *Enter*.

- Definir um ângulo para a face que será extrudada. Para tanto, após selecionar o objeto e pressionar *Enter*, digite *"t"* e pressione *Enter* para selecionar a opção *Especificar Ângulo* (*Taper angle*). Em seguida, é preciso fixar a inclinação das faces geradas pela extrusão. O padrão do

AutoCAD é zero. Se você optar por manter o zero, basta teclar *Enter*. Se desejar usar outro valor entre 0° e 90º, é só digitar o novo valor e pressionar *Enter*. Este ângulo é em relação à vertical, sendo que no caso de você ter especificado *0* o resultado será igual a se especificar a altura sem ter selecionado a opção (*Taper angle*). A altura final do objeto dependerá do ângulo escolhido. Assim que você especificar o ângulo e pressionar enter, o AutoCAD solicitará a altura. Digite o valor desejado e pressione enter.

- Especificar um caminho em vez de definir uma altura. Neste caso, digite *P* (*Path*) e pressione *Enter*. Então, clique sobre o caminho que você deseja, mas lembre-se de que este caminho precisa ser uma linha, polilinha ou arco. Pressione *Enter* para confirmar.

Analisaremos alguns exemplos para esclarecer melhor esse importante comando.

Exemplo (Extrude)

Neste exemplo veremos como fazer um paralelepípedo e uma "pirâmide" usando o comando *Extrude*.

Primeiramente desenhe a base do paralelepípedo. Você pode fazer de forma rápida usando o comando *Rectangle*. Vamos supor que esta base tenha dimensões de 40 e 80 cm. Faça uma cópia desta base para ser usada na construção da "pirâmide". Agora vamos fazer o paralelepípedo. Chame o comando *Extrude*, clique sobre a base e pressione *Enter*. A altura deste paralelepípedo será de 60 cm. Digite *60* e pressione *Enter*. O resultado pode ser visto na Figura 3.4(a).

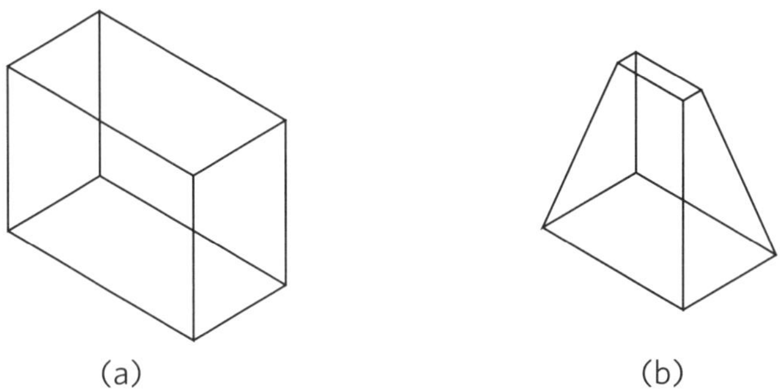

FIGURA 3.4: Paralelepípedo e "pirâmide".

Para se fazer a "pirâmide", o procedimento é o mesmo que acabamos de fazer. Chame o comando *Extrude*, clique sobre a base da pirâmide e pressione *Enter*. Digite *"t"* e pressione *Enter*. Agora precisamos definir o ângulo para as faces. Vamos fazer nossa "pirâmide" com ângulo das faces de 15°. Para isto, digite *15* e pressione *Enter*. Em seguida, digite a altura da "pirâmide", neste caso, *60*, e pressione *Enter*. O resultado é apresentado na Figura 3.4(b).

Tente fazê-la novamente usando um ângulo de 20° ou maior, e você verá que o sólido é produzido, porém a altura final é definida pelo ângulo que você forneceu e não pela altura. Quanto maior for o valor do ângulo, menor será a "pirâmide".

Além destas opções, existe outra que permite extrudar através de um caminho. A figura 3.5 (a) mostra o caminho que foi criado através de uma *spline*. Para isso, mude para a vista superior (*Top*)  no painel *View* da Guia *Home* (Figura 1.4 (b)), selecione *Top*, chame o comando *Spline* e desenhe uma curva qualquer ou similiar ao ponto de interrogação, conforme a figura 3.5(a). Caso você tenha dúvida sobre como fazer uma *spline*, consulte o capítulo 14 do livro "Aprendendo AutoCAD 2015: Simples e Rápido", que explica detalhadamente o comando.

Resumidamente, para acessar o comando *Spline*, clique em  e com o botão esquerdo do mouse clique nos pontos para definir uma curva. Após definir os pontos, pressione *Enter* para finalizar o comando.

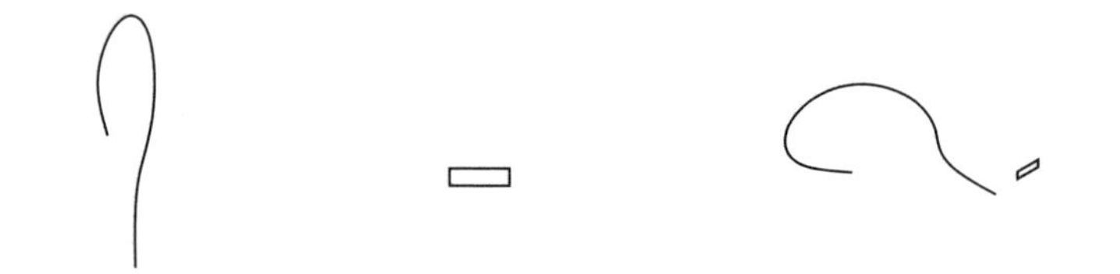

Vista Superior (a) | Vista frontal (b) | Vista Isométrica Southwest (c)

Figura 3.5: Desenho do caminho e da seção para extrudar.

Após criar o caminho que você irá extrudar, vamos criar o objeto que irá dar forma ao ponto de interrogação. Você poderá escolher qualquer forma fechada, como, por exemplo, um retângulo. Caso queira, faça com um círculo, um polígono regular ou irregular, enfim, outra forma que você prefira. Só há um detalhe importante: o objeto a ser extrudado não pode estar no mesmo plano que o caminho, isto é, se você observar as partes (a) e (b) da figura 3.5, a impressão é que as duas figuras estão no mesmo plano, porém não estão.

Observe a figura 3.5 (c) e veja que o ponto de interrogação foi feito num plano e o retângulo foi feito em um plano ortogonal ao primeiro. Para repetir esta etapa, após você fazer o caminho que escolheu para a extrusão (lembrando que você deve fazê-lo no plano *Top*, figura 1.4), mude o plano de vista para o *Frontal* (*Front*) , acompanhe na figura 1.4 como acessar o comando. Assim que você mudar de vista, o ponto de interrogação ou o caminho que você fez deve ter ficado como se fosse uma linha. Para você entender isso, pegue uma folha de papel, coloque-a no chão e a observe. Você deverá ver um retângulo. Agora pegue essa mesma folha e coloque-a no nível dos seus olhos afastada uns 30 cm. Você deverá ver somente uma linha que define a espessura desta folha. O mesmo ocorre com o ponto de interrogação ou o caminho que você fez. Quando você trabalha na vista superior (*Top*), você está vendo o objeto de uma vista superior, quando você muda para *Front*, você está vendo o mesmo objeto, só que de frente. Caso você opte por trabalhar com a tela dividida em *Viewports* conforme fizemos no item 2.2.1, você verá automaticamente as três vistas. Para facilitar, você pode simplesmente alterar o *Viewport* principal para a vista *Front* ou *Top* de acordo com a necessidade.

Então, após você mudar para a vista frontal (*Front*), desenhe uma superfície fechada para definir a seção do caminho que você desenhou. Neste caso adotaremos um retângulo. O resultado é o apresentado na figura 3.5 (b).

Após definir o caminho e a seção do objeto para extrudar, mudaremos da vista frontal para a isométrica. Neste caso, escolheremos a opção *Vista Isométrica Southwest* (Figura 1.4). Assim que você tiver selecionado esta vista, o desenho deverá ficar conforme apresentado na figura 3.5 (c).

Antes de chamar o comando *Extrude*, você precisa mover o retângulo para colocá-lo no início do caminho. Para tanto, chame o comando *Move*, selecione o retângulo, pressione *Enter*, clique em qualquer ponto do retângulo. No nosso exemplo adotamos o meio da base do retângulo. Em seguida, clique no início do caminho para extrudar ou, como no exemplo, no ponto de interrogação. O resultado é apresentado na figura 3.6 (a).

Figura 3.6: Desenho do objeto extrudado.

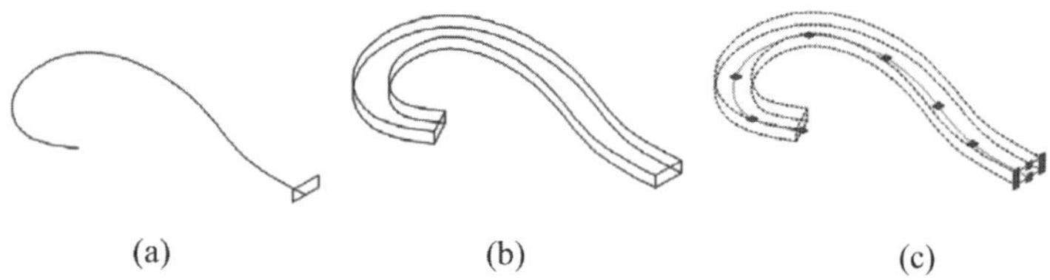

Após o desenho ficar igual ao apresentado na figura 3.6 (a), é que daremos início ao comando *Extrude*. Para tanto, chame o comando *Extrude* e clique na seção a ser extrudada, neste caso o retângulo. Pressione *Enter*. O próximo passo é definir o caminho, para isso, digite *"p"* de *Path* (caminho), pressione *Enter* e clique no caminho que você fez, no nosso exemplo foi o ponto de interrogação. O resultado deverá ser como o apresentado na figura 3.6 (b).

Uma grande inovação implantada já na versão do AutoCAD 2015 é a possibilidade de editarmos os objetos depois de criado através do caminho que usamos para extrudar ou da seção usada. Observe na figura 3.6 (c) que o objeto foi selecionado sem ter nenhum comando ativo, por isso apareceram uns quadradinhos azuis. Se você clicar neles e movê-los, o objeto alterará a sua forma de acordo com o movimento dado. Faça um teste, mova um quadradinho azul da seção que você usou para fazer o objeto e veja que o mesmo é alterado em seguida.

SWEEP ("AVANÇAR")

Guia Home → Painel Modeling

Atalho:

Comando: *Sweep*

O comando *Sweep* fica no mesmo local onde normalmente está o comando *Extrude*. Para acessá-lo, clique na seta que aparece abaixo do *Extrude*, conforme você pode observar na figura 3.3. Assim que você clilcar em *Sweep*, este comando ficará no lugar do *Extrude*.

Este comando pega um objeto em 2D (circunferência, elipse, polígono, polilinha) e transforma-o em 3D através de um caminho definido pelo usuário.

Seu funcionamento é idêntico ao do comando *Extrude* quando é selecionado um caminho para extrudar o objeto.

Procedimento: chame a função e clique sobre o objeto que definirá a seção, em seguida, pressione *Enter* e selecione o objeto que definirá o caminho para extrudar.

Exemplo (Sweep)

Você deve observar o ponto de interrogação apresentado no exemplo do comando *Extrude*. O procedimento é o mesmo, a diferença ocorrerá quando pedir para você digitar *"p"* de *Path* (caminho), você pode pular esta etapa e ir direto para a próxima, ou seja, selecionar o caminho para extrudar.

REVOLVE! INDICADOR NÃO DEFINIDO. (REVOLUCIONAR)

Guia Home → Painel Modeling

Atalho:

Comando: *Revolve*

Este comando pega um objeto 2D (circunferências, elipses, polilinhas) e o revoluciona, transformando-se, assim, num sólido.

Procedimento: chame a função e clique sobre o objeto em que se deseja fazer a revolução. Agora o AutoCAD permite a escolha de várias opções para se definir o eixo de revolução do mesmo. Veremos aqui somente a mais utilizada. O que se mais usa é definir o eixo de revolução através de dois pontos. Por isto, clique no primeiro ponto do eixo e, em seguida, no segundo ponto. Agora é preciso definir o ângulo da revolução. O padrão do AutoCAD é 360° (*Full Circle*). Para aceitar, pressione *Enter.* Caso opte por outro ângulo, digite o novo valor e pressione *Enter.*

Exemplo (Revolve)

Vejamos como fazer uma peça simples de mecânica. Na figura 3.4 há o desenho da superfície geradora com todas as cotas necessárias para você poder fazê-la sem nenhum problema. Lembre-se de que deverá ser uma polilinha e não linhas. Esta superfície poderá ser feita no mesmo ambiente em que você sempre trabalhou em 2D e usando os mesmos comandos. Depois de concluído o desenho, mude para a vista isométrica *Southwest*, através do ícone  (Figura 1.4) do painel de ferramenta *View* na Guia *Home* e continue a sequência que será explicada a seguir.

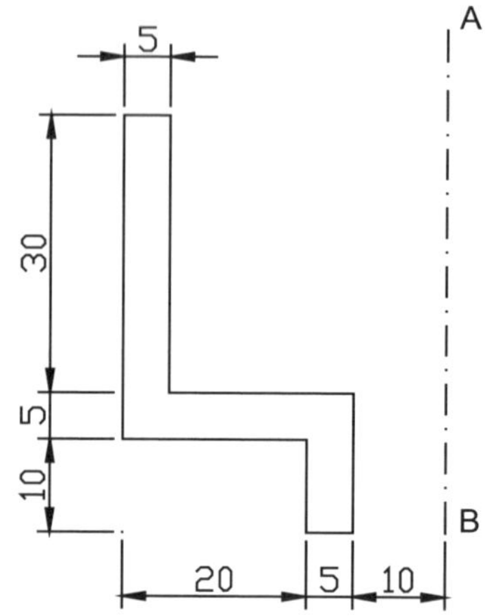

Figura 3.7: Superfície geradora.

Chame o comando *Revolve* , clique sobre a superfície geradora e pressione *Enter*. Para definir o eixo de rotação, clique sobre os pontos *A*e *B* (Figura 3.7) utilizando a opção *Endpoint*.

Neste caso, o ângulo de revolução será de 360°. Portanto, pressione *Enter* para aceitar. O resultado pode ser visto na figura 3.8.

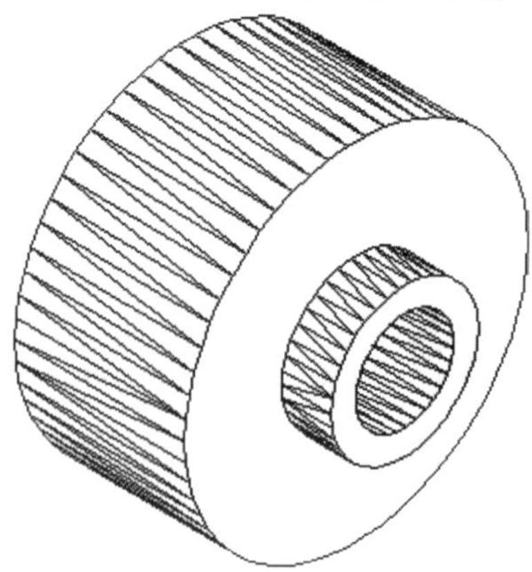

Figura3.8: Peça mecânica.

PRESSPULL

Guia Home → Painel Modeling

Atalho: 

Comando: *Presspull*

O comando *Presspull* fica no mesmo painel onde normalmente está o comando *Extrude*. Para acessá-lo, clique no ícone  que fica ao lado do *Extrude*, conforme você pode observar na figura 3.3.

Esse comando permite você transformar plantas em casa 3D. Ele pega um objeto em 2D (circunferência, elipse, polígono, polilinha) e transforma-o em 3D através da elevação da seção transversal. Seu funcionamento é idêntico ao do comando *Extrude*, porém permite uma forma diferente de definir a seção do objeto.

Procedimento: chame a função e clique sobre o objeto que definirá a seção, em seguida, mova o cursor para definir a altura, digite o valor da altura desejada e pressione enter. Esse modo de seleção é o mesmo que usamos para o *Extrude*, porém há outro método de seleção. Para explicar o outro método de seleção, precisarei fazer isso com um exemplo.

EXEMPLO (PRESSPUL)

Na figura 3.9 são apresentados dois retângulos simbolizando as paredes de um ambiente. O objetivo é transformar a seção formada entre os dois retângulos (parede) numa parede com altura de 280cm, conforme ilustrado na figura 3.11.

Então, o primeiro passo é você construir os dois retângulos de acordo com as dimensões apresentadas na figura 3.9. Você pode fazer isso no modo de visualização 2D, como por exemplo a vista Top . Observe que essas linhas representam uma planta baixa de uma residência e que esse procedimento você poderá usar para transformar as plantas 2D em 3D.

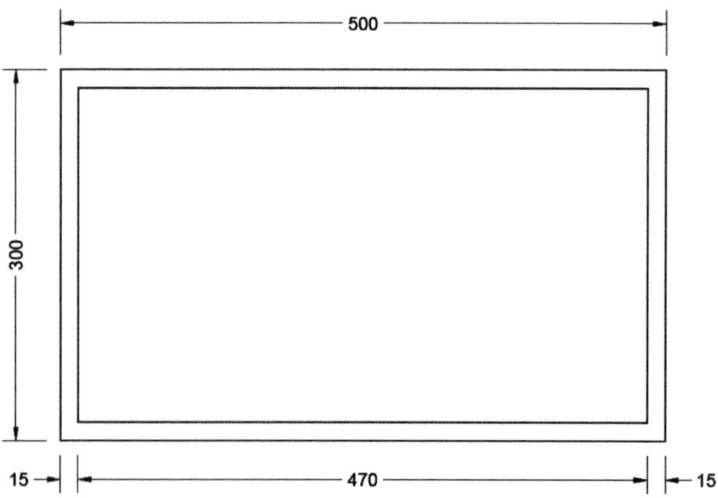

FIGURA 3.9: Base para uso do Presspull.

Concluído o desenho dos dois retângulos, vamos transformá-los em 3D. Se desejar, você pode continuar na vista Top ou alterar para uma vista isométrica, como por exemplo: *Sw Isometric*. No nosso exemplo, alterei para a vista *Sw Isometric,* ver figura 3.10(a).

Então, vamos lá, chame o comando *Presspul*. Em seguida, o autoCAD solicita que você selecione um objeto ou uma área limitada. Se você selecionar um dos retângulos, o AutoCAD fará a extrusão do objeto selecionado da mesma forma que faria com o comando *Extrude*. No entanto, o objetivo é fazer a extrusão da área limitada entre os dois retângulos. Logo, leve o cursor para um ponto dentro da área formada entre os retângulos conforme ilustrado na figura 3.10(a). Mova o cursor vagarosamente dentro da área entre os retângulos até que o AutoCAD identifique a área que você deseja. Assim que isso ocorrer, o contorno da área ficará tracejado, conforme figura 3.10(a).

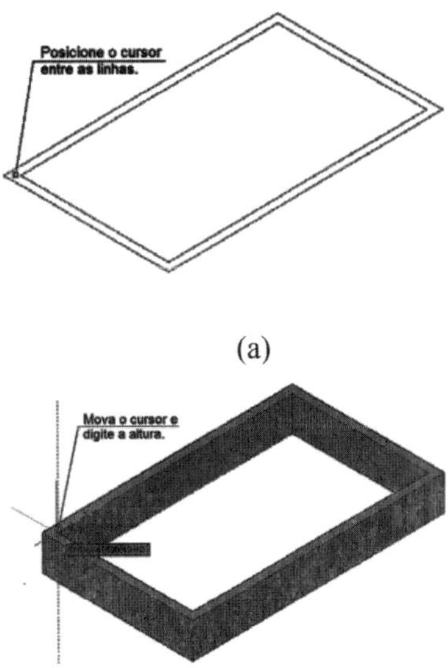

FIGURA 3.10:
Base para uso do Presspull.

Assim que o AutoCAD identificar a área desejada, clique com o botão esquerdo. Em seguida, mova o cursor para cima, digite a altura desejada para a parede, neste caso, digite 280, e pressione enter. O resultado será conforme ilustrado na figura 3.11.

FIGURA 3.11: Parede a partir do Presspull.

Capítulo 4

COMANDOS II: CRIAR SÓLIDOS PREDEFINIDOS

Neste capítulo, veremos como usar alguns dos comandos específicos do AutoCAD para a geração de sólidos. Em todos os comandos que serão explicados estará sendo utilizada uma vista isométrica *Southwest* . O painel de ferramentas onde podemos encontrar os atalhos para estes comandos já foi apresentado no capítulo anterior. Veja a figura 3.3.

Nos exemplos a seguir, está sendo mantido o uso do @ para indicar que é uma coordenada relativa. No entanto, se você estiver com a entrada dinâmica (*Dynamic Input* 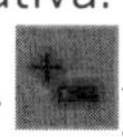) ativa, não há necessidade. Nós conversamos sobre isso no item 2.2 - Coordenadas Cartesianas, se tiver dúvida de como ativar ou desativar, volte lá que está tudo explicadinho.

BOX (CAIXA)

Guia Home → Painel Modeling

Atalho:

Comando: *Box*

Através deste comando é possível fazer um cubo ou um paralelepípedo.

Procedimento: chame a função, clique no primeiro ponto para definir o início do paralelepípedo. Em seguida, é preciso definir o tamanho da base da nossa figura.O procedimento é simples, basta você clicar num ponto qualquer ou especificá-lo através de coordenadas. Caso use coordenadas, após digitar os valores para elas, pressione *Enter*. Agora é necessário definir a altura do paralelepípedo, digite o valor e pressione *Enter* ou movimente o cursor e clique no ponto que você desejar.

Exemplo - Box

Neste exemplo faremos um paralelepípedo de comprimento 100, largura 40 e altura 60. Será o mesmo sólido que tentamos fazer no item "Coordenadas cartesianas".

Chame o comando *Box*, clique num ponto qualquer, digite *@100,40* e pressione *Enter*. Digite *60* e pressione *Enter*. Após esses passos, concluímos o desenho do paralelepípedo que pode ser visualizado na Figura 4.1.

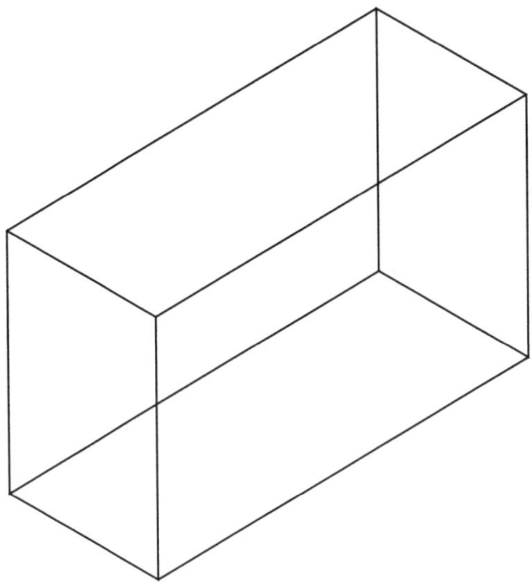

Figura 4.1: Paralelepípedo usando Box.

CONE (CONE)

Guia Home → Painel Modeling

Atalho:

Comando: *Cone*

Com este comando podemos fazer cone de forma simples e rápida.

Procedimento: chame a função, clique num ponto qualquer para definir o centro da base, digite o valor do raio e pressione *Enter* ou simplesmente clique num ponto qualquer para definir o raio. Agora é necessário especificar a opção *Height* (altura do cone).Por isto, digite um valor para a altura e pressione *Enter* ou especifique através de um clique.

Além de se poder fazer um cone com base circular, este comando permite usar uma base elíptica. Acompanhe os passos para fazermos um cone com base elíptica: chame a função, digite *E* e pressione *Enter*. Com esse procedimento, mudamos a base de circular para elíptica. Agora clique num ponto qualquer para definir o início da base do eixo X da elipse, clique novamente para definir o fim da base do eixo X e torne a clicar para definir o tamanho da base do eixo Y. Em seguida, especifique a altura através de um valor, pressionando *Enter* ou definindo dois pontos. Outra forma é simplesmente especificar o centro da elipse que pode ser feito da seguinte forma: digite *C (Center)*, pressione *Enter* e, em seguida, especifique o ponto final do eixo através de coordenada ou com um clique. Após definir a base, digite o valor da altura e pressione *Enter*.

Exemplo - Cone

Vejamos como fazer um cone de base elíptica. Na figura 4.2 é apresentado o resultado final.

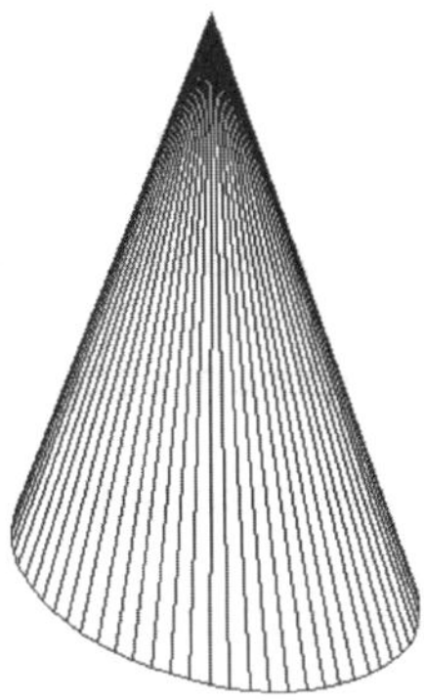

FIGURA 4.2:
Cone de base elíptica.

Chame o comando *Cone*, digite *E* e pressione *Enter*. Clique num ponto qualquer, digite *@50,0,0* e pressione *Enter*. Digite *@0,35* e clique em *Enter*. Agora é necessário definir a altura.Digite *100* e pressione *Enter*.

CYLINDER (CILINDRO)

Guia Home → Painel Modeling

Atalho:

Comando: *Cylinder*

Este comando permite fazer de forma simples e rápida um cilindro de base circular e de base elíptica. Vejamos o procedimento.

Procedimento: chame a função, clique num ponto qualquer para definir o centro do cilindro, digite o valor do raio do mesmo e pressione *Enter*. Agora é necessário especificar o valor da altura desejada. Para isto, digite o valor e pressione *Enter.* Caso deseje fazer um "cilindro" de base elíptica, assim que chamar o comando, digite *E* (*Elliptical*) e pressione *Enter.* O procedimento que se seguirá é o mesmo usado para se fazer um cone de base elíptica. Apesar disto, vamos dar uma nova explicação caso tenha ficado alguma dúvida. Assim que digitar *E,* pressione *Enter* e você pode simplesmente especificar um ponto qualquer para definir o início da base do eixo *X*, sendo que,em seguida, é necessário especificar o tamanho da elipse no eixo *X*, ou seja, o tamanho da base da elipse no eixo *X*. Após isto, o AutoCAD pede para especificar o tamanho da elipse no eixo *Y.* Basta digitar o valor da altura e pressionar *Enter.* Outra forma de especificar uma base elíptica é através do seu centro. Assim que definir que deseja uma base elíptica, digite *C* (*Center*) e pressione *Enter.* Clique num ponto qualquer para definir o centro da elipse, entre com o tamanho do eixo *X* e,em seguida, do eixo *Y* (estes valores você pode especificar através de coordenadas ou com o cursor), depois, é só especificar a altura.

Exemplo - Cylinder

Neste exemplo faremos um cilindro com raio 30 cm e altura 100 cm. O resultado final é o mesmo, igual como se extrudássemos uma circunferência de raio 30 cm a uma altura de 100 cm. Na figura 4.3 pode-se ver o resultado.

Chame a função *Cylinder* , clique num ponto qualquer para definir o centro da base do cilindro, digite *30* e pressione *Enter*. Agora é necessário definir a altura do cilindro. Para isto, digite *100* e pressione *Enter*. O resultado é apresentado na figura 4.3.

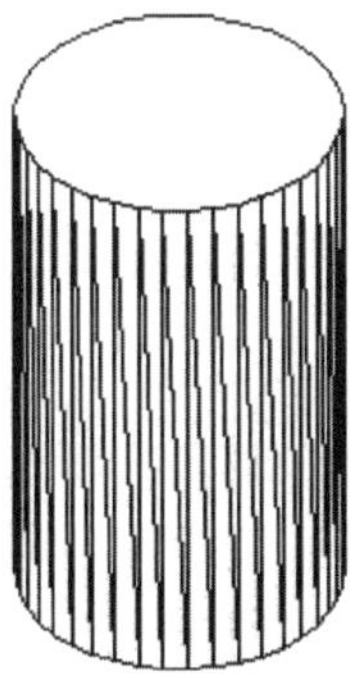

Figura 4.3:
Cilindro.

SPHERE (ESFERA)

 Guia *Home* → Painel *Modeling*

 Atalho: 

 Comando: *Sphere*

Como o próprio nome já sugere, através deste comando pode-se fazer uma esfera com a mínima interação possível.

Procedimento: chame a função, clique num ponto qualquer para definir o centro da esfera, digite o raio e pressione *Enter*.

Exemplo - Sphere

Vejamos como fazer uma esfera de raio 35.

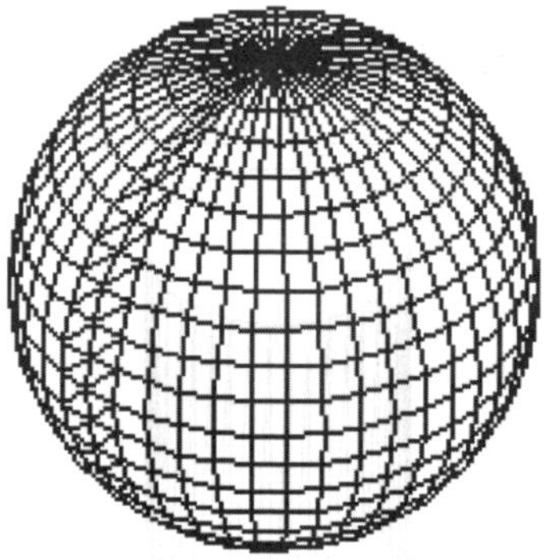

Figura 4.4:
Esfera.

Chame o comando *Sphere* , clique num ponto qualquer para definir o centro da mesma, digite *35* e pressione *Enter*. Está pronto. Esta, realmente, é uma forma muito rápida de se fazer uma esfera. O resultado é apresentado na figura 4.4.

TORUS (ANÉIS - "ROSQUINHAS")

 *Guia Home → Painel Modeling*

 Atalho: 

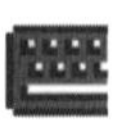 Comando: *Torus*

Através deste comando podemos fazer anéis ou rosquinhas (como também são conhecidas). A interação com o usuário é muito simples, acompanhe:

Procedimento: chame a função, clique num ponto qualquer para definir o centro do anel, em seguida, digite o valor do raio e pressione *Enter*. Agora é necessário especificar o valor do raio que definirá a "espessura" do anel. Analisando o anel num corte, este raio é o que define a área da seção do anel ou o raio do tubo que define o anel. No exemplo que se segue ficará mais clara a diferença entre os dois raios.

EXEMPLO - TORUS

Neste exemplo será feito o anel (rosquinha) apresentado na figura 4.5.

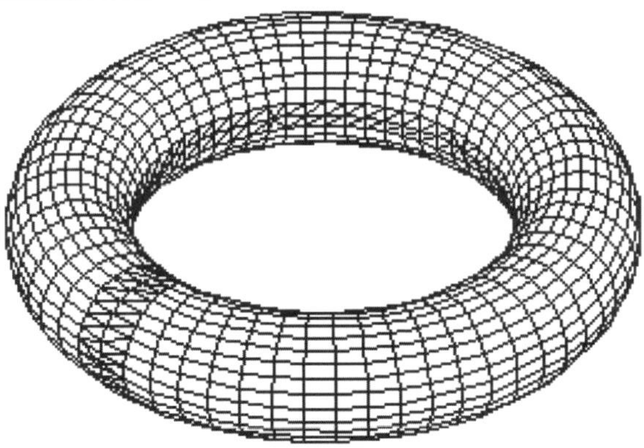

FIGURA 4.5: Anel ou "rosquinha"

Chame a função *Torus*  e clique num ponto qualquer para definir o centro do anel. Digite *100* e pressione *Enter*. Este foi o raio do anel. O raio da seção do anel será *25*, portanto, digite este valor e pressione *Enter*. O resultado pode ser visto na figura 4.5.

WEDGE (CUNHA)

Guia Home → Painel Modeling

Atalho:

Comando: *Wedge*

Este comando nos permite fazer cunhas com muita facilidade.

Procedimento: chame a função, clique num ponto qualquer para definir o primeiro ponto da base da cunha, em seguida, especifique o segundo ponto da mesma base (use coordenadas ou simplesmente clique num ponto qualquer). Agora é necessário especificar o valor da altura da cunha. Para isto, digite o valor desejado e pressione *Enter*.

Exemplo -Wedge

Vejamos como fazer uma cunha com bases 100 cm e 50 cm e altura 70 cm. O resultado pode ser visto na figura 4.6.

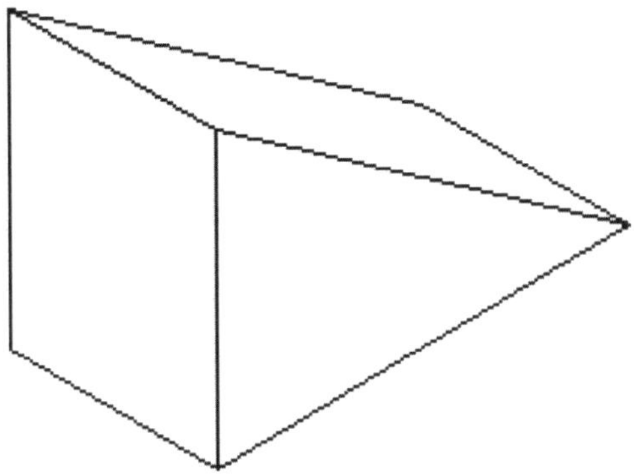

Figura 4.6:
Cunha.

Primeiramente chame a função , clique num ponto qualquer para definir o canto da cunha, digite *@100,50* e pressione *Enter*. Agora é só definir a altura: digite *70* e pressione *Enter*.

PYRAMID (PIRÂMIDE)

Guia Home → Painel Modeling

Atalho: 

comando: *Pyramid.*

Este comando nos permite fazer pirâmides com muita facilidade.

Procedimento: chame a função, clique num ponto qualquer para definir o centro da base da pirâmide, em seguida, especifique o ponto que define a largura da base da pirâmide (use coordenadas ou simplesmente clique num ponto qualquer). Agora é necessário especificar o valor da altura da pirâmide. Para isto, digite o valor desejado e pressione *Enter*.

Exemplo - Pyramid

Vejamos como fazer uma pirâmide com base 100 cm e altura de 150 cm. O resultado pode ser visto na figura 4.7.

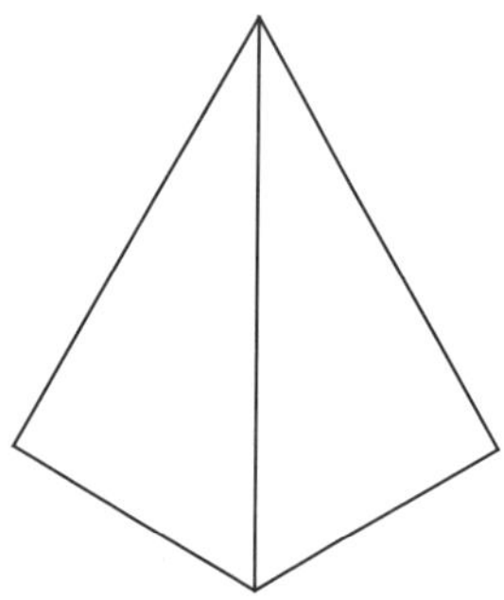

Figura 4.7: Pirâmide.

Primeiramente chame a função , clique num ponto qualquer para definir o centro da pirâmide. Especifique a largura da base da pirâmide, se preferir você pode digitar um valor, sendo que será a metade da largura total da base. Neste caso, alinhe o cursor no eixo X, digite *50* e pressione *Enter* ou digite *@50,0* e pressione *Enter*. Agora é só definir a altura: digite *150* e pressione *Enter*.

Capítulo 5

COMANDOS III: EDIÇÃO E COMPOSIÇÃO DE SÓLIDOS

Neste capítulo, serão introduzidos comandos que permitirão a criação das mais variadas formas de sólidos possíveis a partir dos comandos já apresentados. Na figura 5.1 é visualizado o painel de ferramentas *Solid Editing*.

Figura 5.1: Painel de ferramenta Solid Editing.

SLICE (FATIAR)

Guia Home → *Solid Editing*

Atalho:

Comando: *Slice*

Com este comando será possível cortar sólidos com planos secantes.

Procedimento: chame a função, clique sobre o botão esquerdo nos sólidos que deseja cortar, em seguida, pressione *Enter*. Após fazer isso, aparecerá a seguinte mensagem: *[planar Object/Surface/Zaxis/View/XY/YZ/ZX/3points] <3points>:*

Veremos as mais usadas:

- **3point** - para ativar esta opção, basta digitar 3 e pressionar enter. Em seguida, você pode configurar diretamente o plano de corte através de três pontos coplanares não-colineares. Para fazer isto, clique no primeiro ponto, no segundo e por fim no terceiro. Em seguida, o AutoCAD perguntará qual dos lados você deseja apagar. Para evitar erros, digite *B* de *Both* e pressione *Enter*. O AutoCAD deixará as duas partes. Caso deseje apagar uma das partes, use o comando *Erase*.

- XY - para selecionar esta opção, é necessário digitar *XY* e pressionar *Enter*. Em seguida, o AutoCAD perguntará o ponto no qual passará o plano *XY*. Para responder, você pode simplesmente digitar a coordenada ou clicar com o botão esquerdo do mouse no ponto desejado. Feito isto, você pode digitar *B* e pressionar *Enter*.
- YZ - para selecionar esta opção, é necessário digitar *YZ* e pressionar *Enter*. Em seguida, o AutoCAD perguntará o ponto no qual passará o plano *YZ*. Para responder, você pode simplesmente digitar a coordenada ou clicar com o botão esquerdo do mouse no ponto desejado. Feito isto, você pode digitar *B* e pressionar *Enter*.
- ZX - para selecionar esta opção, é necessário digitar *ZX* e pressionar *Enter*. Em seguida, o AutoCAD perguntará o ponto no qual passará o plano *ZX*. Para responder, você pode simplesmente digitar a coordenada ou clicar com o botão esquerdo do mouse no ponto desejado. Feito isto, você pode digitar *B* e pressionar *Enter*.

EXEMPLO - SLICE

Neste exemplo veremos como cortar o anel feito no item Exemplo Torus, nos planos ZX e XY.

Primeiramente, faça o anel. Em seguida, chame o comando *Slice* , clique sobre o anel e pressione *Enter*. Primeiro, será feito o corte no plano

ZX. Para isto, digite *ZX* e pressione *Enter*. Pressione *Shift* e o botão direito do mouse simultaneamente e selecione a opção *Center*. Mova o cursor sobre o anel e selecione o *centro*. Em seguida, digite *B* e pressione *Enter*. Com isto, é possível apagar uma metade do anel. Chame o comando *Erase* e selecione a parte que deseja apagar pressionando *Enter* para finalizar o comando. O resultado desta etapa é apresentado na figura 5.2.

Agora vamos cortar esta metade do anel usando o plano XY. Chame o comando *Slice*, clique sobre o anel e pressione *Enter*. Digite *XY* e pressione *Enter*. Desejamos cortar esta metade do anel novamente ao meio, porém vamos fazer isto através do centro da seção do mesmo. Para isto, pressione novamente *Shift* e o botão direito do mouse simultaneamente, selecione *Center* e clique sobre o centro da seção do anel. Em seguida, digite *B* e pressione *Enter*. Chame o comando *Erase* e apague a parte inferior do anel. O resultado é apresentado na figura 5.3.

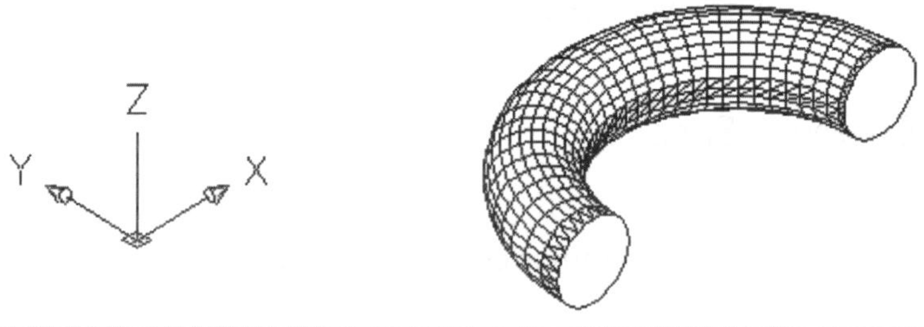

Figura 5.2: Corte do anel usando Slice e o plano ZX.

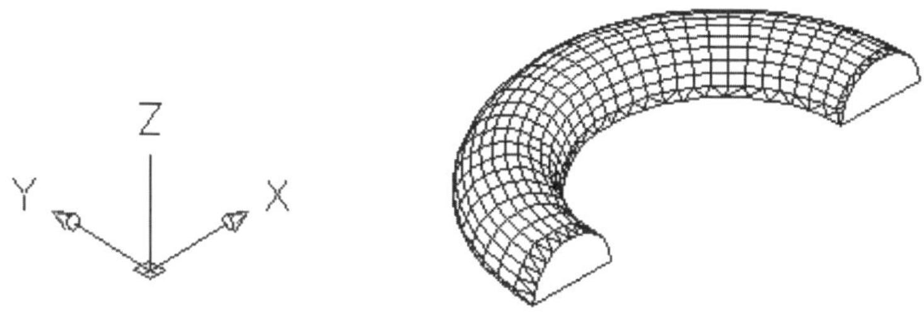

Figura 5.3: Corte da metade do anel usando Slice e o plano XY.

INTERFERE (INTERFERÊNCIA)

Guia Home → *Solid Editing*

Atalho:

Comando: *Interfere*

Este comando nos permite criar sólidos a partir da interseção entre sólidos. Através dele podemos criar várias formas usando elementos básicos de 3D. Sua interação com o usuário é muito simples.

Procedimento: chame a função, clique sobre os objetos que deseja considerar como um único corpo e, em seguida, pressione *Enter*. Clique nos outros objetos em que deseja gerar a interseção com os já selecionados, então pressione *Enter*. Feito isto, o AutoCAD pergunta se você deseja criar ou não o sólido da interseção, digite *Y* (*Yes*) e pressione *Enter*. Para finalizar, caso tenha selecionado mais de dois sólidos para a interferência, pressione *Enter* novamente.

Exemplo - Interfere

Vamos supor que se queira fazer um cone com seção circular, mas com base esférica. Na figura 5.5 é apresentado o objetivo deste exemplo.

Primeiro, vamos criar o cone conforme já estudamos anteriormente.

Chame o comando *Cone*, clique num ponto qualquer para definir o centro do cone, digite *50* e pressione *Enter*. Digite *100* e pressione *Enter*. Com isto, define-se um cone de seção circular, mas com base plana.

Como a base precisa ser esférica, vamos fazer uma esfera do tamanho da altura do cone e gerar a interseção entre estes dois sólidos. Para isto, chame o comando *Sphere*, clique na ponta do cone para definir o centro da esfera, digite *100* e pressione *Enter*.

Desta forma, temos os dois sólidos para gerarmos a interferência. Portanto, chame o comando *Interfere*, clique sobre o cone e pressione *Enter*. Clique sobre a esfera e pressione *Enter*. A figura 5.4 mostra a caixa de diálogo que aparece em seguida, bem como o resultado prévio das interferências dos objetos selecionados.

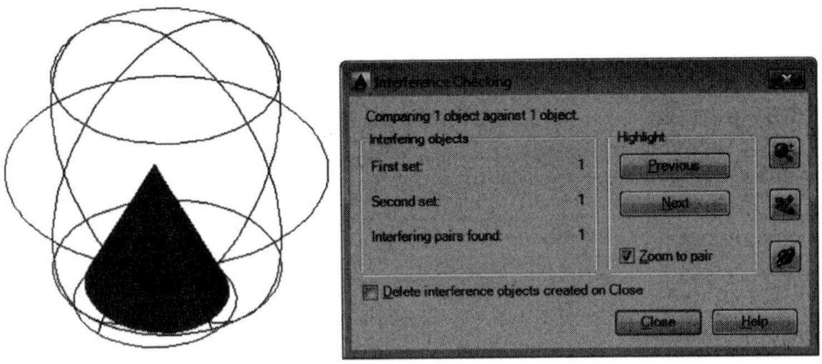

FIGURA 5.4: Interference Checking - Verificando Interferência.

Na caixa de diálogo *Interference Checking* é possível usar os comandos: *Zoom Realtime*, *Pan Realtime* ou *3D Orbit* (capítulo 6).

Através destes comandos, você pode visualizar melhor o objeto que será criado com a interferência. Após você verificar se está tudo certo, desabilite a opção *Delete interference objects created on Close* e clique em *Close*. O resultado é apresentado na figura 5.5.

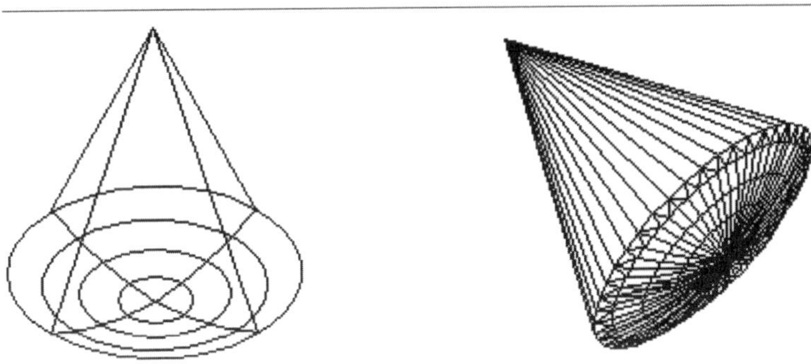

FIGURA 5.5: Cone de seção circular e base esférica.

UNION (UNIÃO)

Guia Home → *Solid Editing*

Atalho:

Comando: *Union*

Através deste comando podemos unir sólidos, transformar vários objetos em um único sólido.

Procedimento: chame a função, clique sobre os objetos que deseja unir e pressione *Enter*.

Exemplo - Union

Neste exemplo, vamos fazer a união de dois paralelepípedos e, após fazer a união dos sólidos, será possível verificar um elemento muito importante.

Vamos fazer os paralelepípedos. Chame o comando *Box*, clique num ponto qualquer para definir o primeiro ponto, digite *@100,50* e pressione *Enter*. Digite *30* para definir a altura do mesmo e pressione *Enter*. Vamos fazer outro prisma em cima deste. Chame novamente o comando *Box*, clique no ponto da face superior que possua o mesmo alinhamento do primeiro ponto, para que assim os paralelepípedos fiquem alinhados, em seguida, digite *@100,50* e pressione *Enter*. Digite *30* e pressione *Enter* para finalizar o comando. O resultado é apresentado na figura 5.6 (a).

Agora vamos fazer a união deles. Chame o comando *Union*, clique sobre os paralelepípedos e pressione *Enter*. O resultado é apresentado na figura 5.6 (b). Observe que não há mais a linha que limitava os dois sólidos. Isto sempre ocorrerá quando se unir sólidos cujas faces estão no mesmo plano.

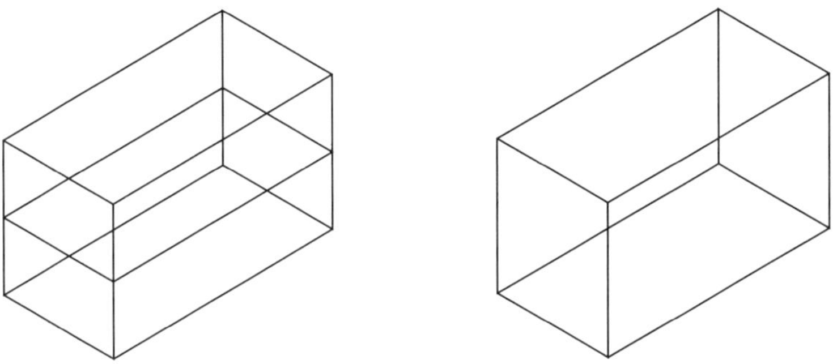

(a) (b)

Figura 5.6: União de dois paralelepípedos alinhados.

Caso um dos sólidos fosse deslocado, o resultado seria bem diferente. Acompanhe.

Crie novamente os dois paralelepípedos ou simplesmente volte à etapa anterior à execução do comando *Union* através do *Undo*. Após isto, chame o comando *Move*, selecione o sólido superior e pressione *Enter*. Clique num ponto qualquer, digite *@5,4,0* e pressione *Enter*. O resultado é apresentado na figura 5.7 (a).

Agora chame o comando *Union*, selecione os dois sólidos e pressione *Enter*. Na figura 5.7 (b) é apresentado o resultado.

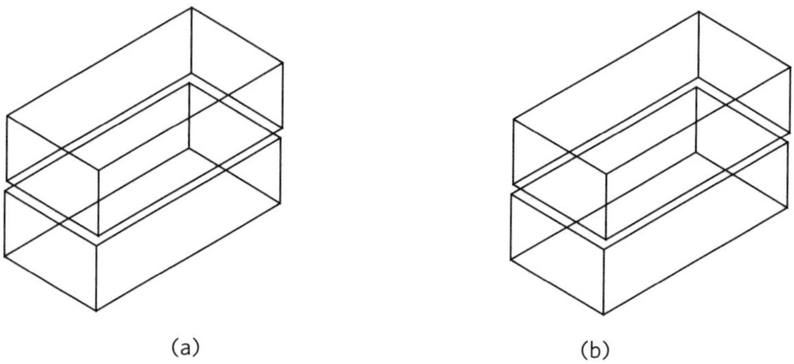

Figura 5.7: União de dois paralelepípedos deslocados.

A primeira impressão quando observamos as figuras 5.7 (a) e (b) é que não há diferenças. No entanto, se você selecionar um dos paralelepípedos após ter realizado o comando *Union*, verá que não consegue selecionar somente um, mas sim os dois. Isto ocorre porque, mesmo estando afastados, eles agora são um objeto único. O funcionamento é basicamente igual ao do comando *Agrupar* que existe também em diversos outros programas.

SUBTRACT (SUBTRAIR)

Guia Home → *Solid Editing*

Atalho:

Comando: *Subtract*

Com este comando podemos subtrair sólidos de outros sólidos. Desta forma, é possível transformar elementos simples em sólidos dos mais diversos tipos possíveis. Seu princípio de funcionamento é retirar de um sólido a interseção que ele tem com outro sólido.Vamos analisar juntos.

Procedimento: chame a função, clique sobre o sólido que será subtraído e pressione *Enter.* Clique sobre o objeto que será o guia de corte, ou seja, o objeto no qual será feita a subtração do sólido, e,em seguida, pressione *Enter.* O resultado aparecerá automaticamente. No próximo exemplo este procedimento ficará mais claro.

Exemplo - Subtract

Para sanar qualquer dúvida sobre o funcionamento deste comando, vamos fazer um paralelepípedo com um furo passante. O resultado final é apresentado na figura 5.8.

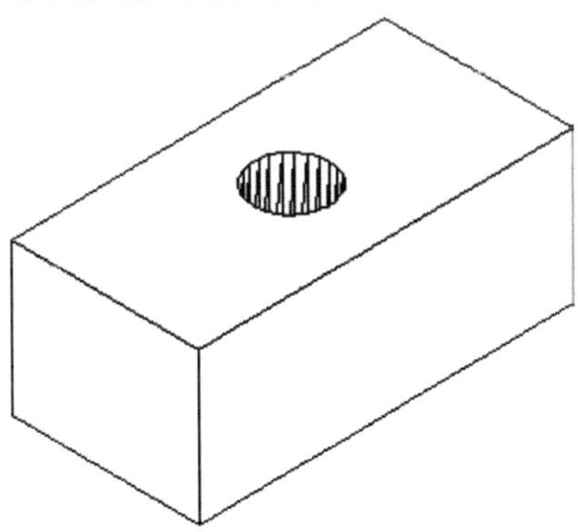

Figura 5.8: Paralelepípedo furado.

Primeiramente, vamos fazer o paralelepípedo. Para isto, chame o comando *Box* , clique num ponto qualquer para definir o primeiro ponto do sólido, digite *@100,50* e pressione *Enter*. A altura será 40cm, portanto, digite *40* e pressione *Enter*.

Agora é necessário fazer o cilindro para que possamos subtraí-lo do prisma. Entretanto, o furo não está em qualquer lugar do prisma, mas sim no centro dele. Para definir o centro, é necessário fazer uma diagonal na base do prisma. Para isto, chame o comando *Line* , pressione *Shift* e o botão direito do mouse e simultaneamente escolha *Edpoint*. Clique no ponto *A* (figura 5.9). Em seguida, clique no ponto *B* (use *Endpoint*) e pressione *Enter* para finalizar o comando.

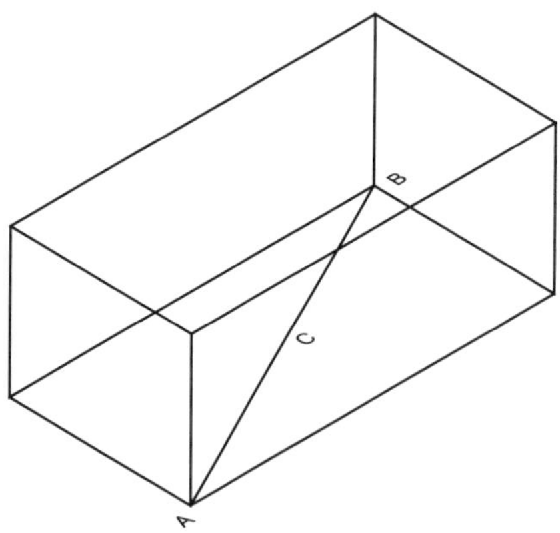

Figura 5.9: Definindo o centro do paralelepípedo.

Assim podemos fazer o cilindro que definirá o furo. Chame o comando *Cylinder* , clique no ponto *C* (figura 5.9), use *Midpoint*, digite *10* e pressione *Enter*. A altura do cilindro pode ser qualquer valor maior que 40, pois esta é a altura do paralelepípedo. Neste caso, vamos usar 50; logo, digite este valor e pressione *Enter*.

A última etapa é subtrair o cilindro do paralelepípedo. Chame o comando *Subtract*, clique no paralelepípedo e pressione *Enter*. Clique no cilindro e pressione *Enter*. Com isto, o cilindro não existe mais e o paralelepípedo possui um furo com as dimensões do cilindro. O resultado é apresentado na figura 5.8.

INTERSECT (INTERSEÇÃO)

Guia Home → *Solid Editing*

Atalho:

Comando: *Intersect*

Este comando transforma sólidos interseccionados em um único sólido gerado a partir da interseção. Desta forma, eliminam-se os sólidos ficando somente com a interseção deles.

Procedimento: *chame a função*, selecione os sólidos e pressione *Enter*. O resultado é automático.

Exemplo - Intersect

Vamos fazer a interseção de um paralelepípedo com um cilindro. Primeiramente vamos fazer o prisma. Para isto, chame o comando *Box* , clique num ponto qualquer, digite *@100,50* e pressione *Enter*. Digite *40* e pressione *Enter*.

Agora vamos fazer o cilindro. Chame o comando *Cylinder*, clique no mesmo ponto que usou para criar o paralelepípedo (use *Endpoint*), digite *30* e pressione *Enter*. Digite *60* e pressione *Enter*. O resultado pode ser visto na figura 5.10 (a).

Para criar o sólido a partir da interseção, chame o comando *Intersect*, clique no prisma e no cilindro e pressione *Enter*. Na figura 5.10 (b) é apresentado o resultado final.

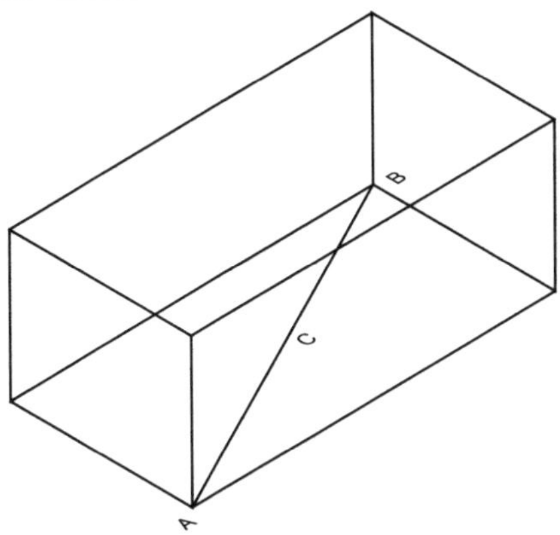

Figura 5.10: Interseção entre um paralelepípedo e um cilindro.

SECTION (SEÇÃO)

Sem atalho

Atalho: *Sem atalho*

Comando: *Section*

Esta é uma ferramenta muito importante para aqueles que desejam criar sólidos e depois gerar os cortes diretamente do sólido, pois este comando gera as seções dos corpos no plano desejado. Vejamos como funciona.

Procedimento: chame a função, clique no objeto que deseja gerar a seção, pressione *Enter* para indicar que não deseja mais selecionar. O procedimento para definir o plano da seção é idêntico ao procedimento para definir um plano para cortar um objeto, por isto, veja no comando *Slice* como definir um plano. Assim que você definir o plano, a seção será gerada automaticamente. Para facilitar a visualização da seção gerada, é melhor você estar com um *layer* ativo diferente do *layer* no qual foi gerado o sólido, de preferência com cor diferente.

Exemplo - Section

Neste exemplo, vamos gerar a seção de corte do sólido criado no item Exemplo - Revolve.

Primeiro,crie o sólido da figura 3.8, Em seguida, chame a função Section, clique sobre o sólido e pressione *Enter*. Vamos criar a seção no plano XY. Usaremos esse plano porque quando fizemos a peça indicada na figura 3.8 a seção transversal da mesma foi feita no plano XY. Logo, digite *XY* e pressione *Enter*. Agora o AutoCAD pede para você especificar o ponto no qual passará o plano, ponto este que é o centro do sólido. Pressione *Shift* e o botão direito do mouse simultaneamente, selecione *Center*, mova o cursor para uma das circunferências que limita o sólido e clique sobre o botão esquerdo do mouse. Feito isto, a seção é gerada automaticamente.

A seção gerada está agrupada num único elemento. Assim, pode-se mover facilmente toda a seção. Com a seção gerada, você pode movê-la e retirá-la do meio do sólido e trabalhar como se fosse um objeto em 2D. Assim que separar a seção do sólido, que pode ser visualizada na figura 5.12, clique em *Top*  (vista superior). Em seguida, edite a figura da forma que desejar. Na figura 5.12 (a) é apresentada a seção do sólido obtida após a interação com o comando *Section* e na 5.12 (b) a mesma seção após a edição.

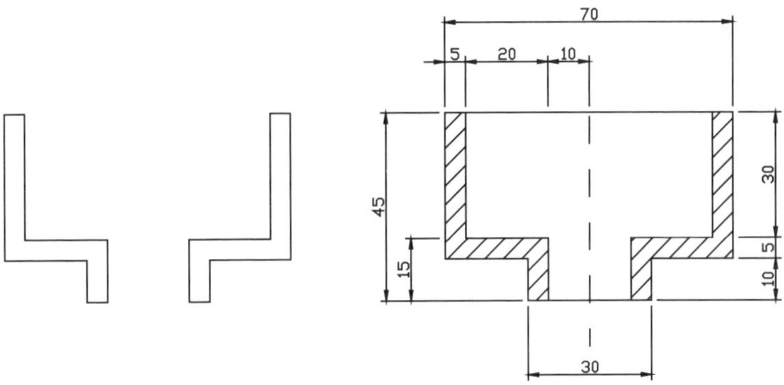

Figura 5.12: Seção da peça mecânica.

Para acessar os comandos *Fillet* e*Chamfer,* observe a figura 3.1 do capítulo3, a qual foi reproduzida na figura 5.13(a). Nesta figura, é visualizado o painel de ferramentas *Modify* com os seus comandos ocultos configurados de forma visível.

A figura 5.13(b) mostra o painel de ferramentas *Modify* com os comandos *Fillet* e *Chamfer* destacados. Para isso, basta você clicar na seta que aparece ao lado do comando *Fillet*.

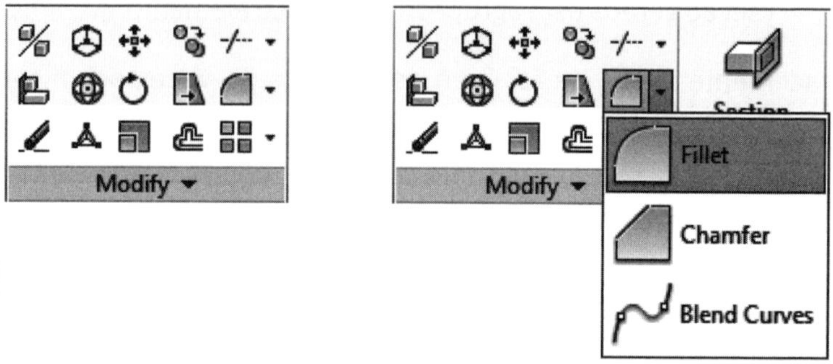

(a) (b)

Figura 5.13: Acesso aos comandos Fillet e Chamfer.

FILLET (ARREDONDAR CANTOS)

Guia Home → *Solid Editing*

Atalho: 

Comando: *fillet*

Certamente você já deve conhecer este comando, pois ele é muito usado para fazer desenhos em 2D. O funcionamento para 3D é semelhante ao que você usa em 2D. A diferença é que agora ele arredonda arestas inteiras e não somente os cantos.

Procedimento: chame a função, clique sobre a aresta que deseja arredondar. Em seguida, o AutoCAD perguntará o valor do raio desejado. Digite o valor que deseja e pressione *Enter*. Caso você deseje selecionar mais arestas, clique sobre elas e,em seguida, pressione *Enter.* O resultado aparecerá em sua tela.

Exemplo - Fillet

Vamos analisar como arredondar as arestas da superfície superior de um prisma e de um cilindro. Primeiro, vamos criar o prisma e o cilindro. Para isto, chame o comando *Box* , clique num ponto qualquer para definir o primeiro ponto do prisma e pressione *Enter.* Digite *@90,40* e pressione *Enter.* Digite *30* e pressione *Enter.*

Para fazermos o cilindro, chame o comando *Cylinder* , clique num ponto qualquer para definir o centro do mesmo, digite *40* e pressione *Enter.* Digite *60* e pressione *Enter.*

Agora vamos arredondar as arestas do prisma. Chame o comando *Fillet* , clique em qualquer uma das arestas da face superior do prisma, digite *5* e pressione *Enter.* Clique sobre as demais arestas da face superior do prisma e pressione *Enter.* O resultado pode ser visto na figura 5.14 (a).

No caso do cilindro, o processo é mais fácil ainda que no do prisma. Chame o comando *Fillet* , clique na circunferência da face superior, digite *10* e pressione *Enter* duas vezes. Na figura 5.14 (b) é apresentado o resultado.

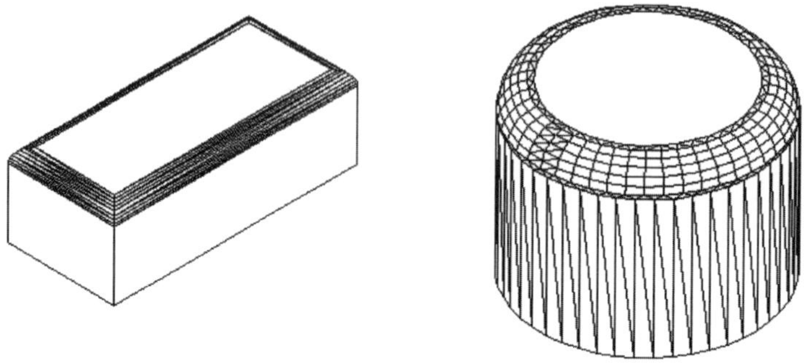

(a) (b)

Figura 5.14: Arredondando as arestas do prisma e cilindro.

CHAMFER (CHANFRO)

Guia Home → *Solid Editing*

Atalho:

Comando: *Chamfer*

Este comando também é muito usado para fazer chanfros em desenhos 2D. O procedimento difere um pouco do usado em 2D. Acompanhe o funcionamento.

Procedimento: chame a função, clique sobre uma aresta da face em que deseja criar o chanfro. Em seguida, o AutoCAD indicará a face selecionada com linhas tracejadas. Caso não seja esta a face desejada, digite *N* (*Next*) e pressione *Enter*. O AutoCAD mudará para a outra face, a qual a aresta selecionada pertence. Após definir a face correta, pressione *Enter*. Digite o valor da distância paralela à superfície selecionada para o chanfro, pressione *Enter*. Digite o valor da distância oposta para o chanfro e pressione *Enter*. Selecione as arestas em que você deseja fazer os chanfros da superfície especificada. Na figura 5.15 é apresentada a diferença entre as duas distâncias que precisam ser definidas.

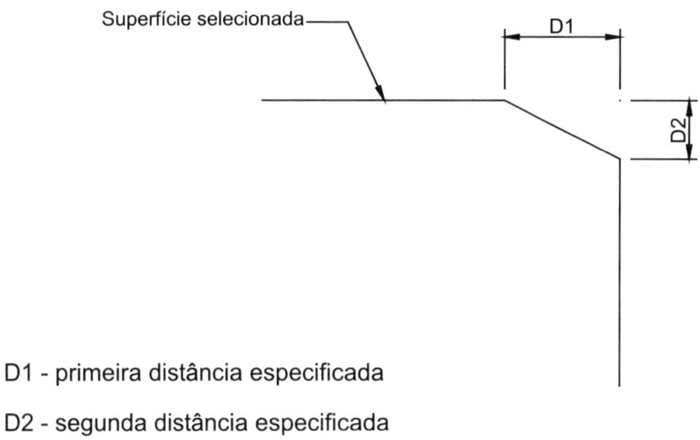

FIGURA 5.15: Explicação das distâncias para chanfros.

EXEMPLO - CHAMFER

Vejamos como fazer chanfro num paralelepípedo e num cilindro.

Primeiro, faremos o paralelepípedo. Para isto, chame o comando *Box*  e clique num ponto qualquer para definir o primeiro ponto do prisma, digite *@120,60* e pressione *Enter*. Digite *50* e pressione *Enter*. Com isto, conclui-se o prisma.

Para fazermos o cilindro, usaremos o comando *Cylinder* . Portanto, chame-o e clique num ponto qualquer para definir o centro da base, digite *50* e pressione *Enter*. Digite *80* e pressione *Enter*.

Agora chame o comando *Chanfer*, clique em qualquer uma das arestas da superfície superior do paralelepípedo. Veja se a superfície selecionada pelo AutoCAD foi a superior. Caso não tenha sido, digite *N* e pressione *Enter* duas vezes; e, caso tenha sido, pressione *Enter*. Agora precisamos definir a distância do chanfro paralela à superfície. Para isto, digite 5 e pressione *Enter*. A outra distância é 20; digite-a e pressione *Enter*. Clique sobre todas as arestas da superfície superior e, em seguida, pressione *Enter*. O resultado pode ser visto na figura 5.16.

No caso do cilindro, chame o comando *Chamfer*, clique sobre a superfície superior do mesmo e pressione *Enter*. Vamos inverter as distâncias definidas para o prisma. Digite *20* e pressione *Enter*.Digite *5* e pressione *Enter*. Clique novamente na superfície superior do cilindro e pressione *Enter* (figura 5.16).

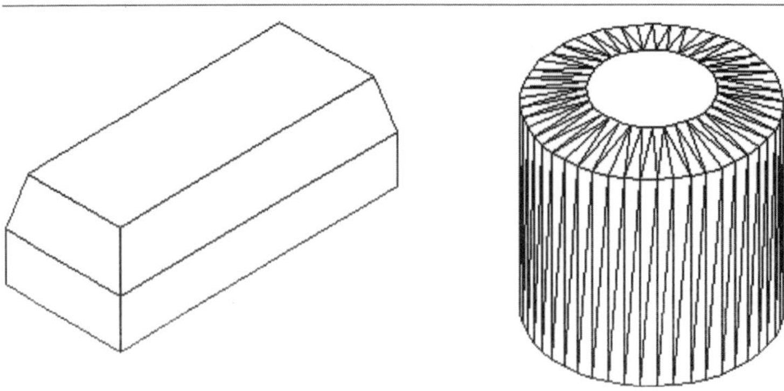

Figura 5.16: Criando chanfros num paralelepípedo e num cilindro.

Capítulo 6

COMANDOS IV: MOVIMENTANDO E VISUALIZANDO OS SÓLIDOS

Neste capítulo veremos comandos que permitirão a rotação e/ou movimentação dos objetos no espaço, com ou sem a criação de cópias dos mesmos. Por fim, manipularemos a forma de visualização dos objetos criados.

Na figura 5.13 é visualizado o painel de ferramentas *Modify*, no qual são apresentados alguns dos comandos que trabalharemos neste capítulo.

3D ROTATE (ROTAÇÃO EM 3D)

Guia Home → *Solid Editing*

Atalho:

Comando: *3drotate*

Com este comando podemos rotacionar um sólido seguindo qualquer eixo tridimensional. Para definir o sentido positivo de rotação, será usada a *Regra da Mão Direita*. Por isto, veja o item Sistemas de coordenadas, para que você não fique com dúvidas quando for preciso definir o sentido positivo.

Procedimento: chame a função, clique sobre o objeto que você deseja rotacionar e pressione *Enter*. Agora é necessário especificar o eixo de rotação.Para isto, clique no ponto que você deseja usar como centro de rotação. Observe que em volta do ponto que você definiu como centro de rotação há três anéis coloridos que representam:

- **Azul** - representa o eixo Z.
- **Vermelho** - representa o eixo X.
- **Verde** - representa o eixo Y

Basta você selecionar um deles para definir o eixo. A figura 6.1 apresenta estes anéis.

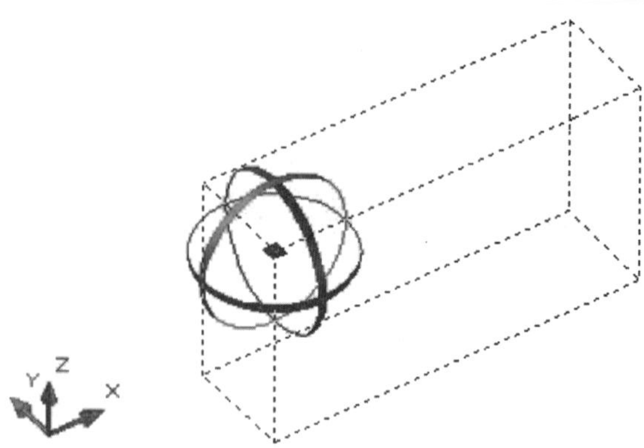

Figura 6.1: Definindo eixos de rotação.

Assim que você definir o eixo, é só digitar o ângulo e pressionar *Enter* para rotacionar o objeto. O resultado pode ser visto em seguida.

EXEMPLO - 3D ROTATE

Neste exemplo, vamos rotacionar o cilindro que foi construído no item Exemplo -Cylinder. Serão aplicadas rotações de 90 e 45° no eixo X e Y.

Antes de começar a girar o cilindro, faça três cópias dele. Chame o comando *3D Rotate* , clique sobre o cilindro e pressione *Enter*. Vamos girar primeiro em relação ao eixo X. Clique num ponto próximo do cilindro para definir a posição do eixo (caso deseje que o eixo passe por um ponto específico, é só clicar sobre ele). Agora vamos escolher o eixo. Primeiramente, rotacionaremos em torno do eixo X, então, clique no anel vermelho, digite *90* e pressione *Enter*. O resultado pode ser visto na figura 6.2 (a). Para girar com ângulo de 45°, repita o procedimento que você acabou de fazer, alterando o ângulo de 90° para 45°. Na figura 6.2 (b) pode-se ver o resultado.

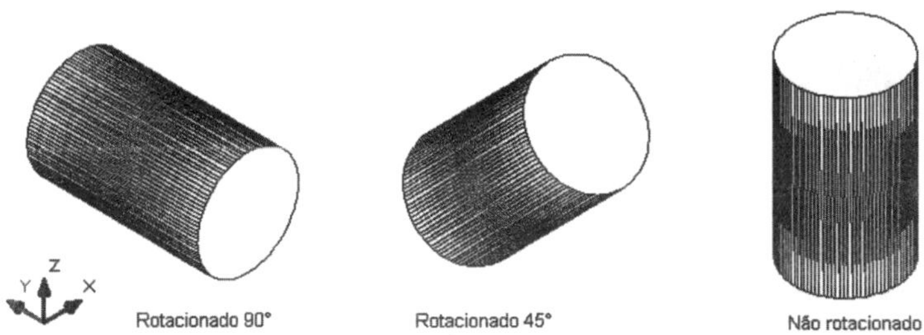

(a) (b) (c)

FIGURA 6.2: Rotação do cilindro em relação ao eixo X.

Para girarmos o cilindro no eixo *Y*, o procedimento é semelhante ao apresentado. Chame o comando *3DRotate*, clique sobre o cilindro e pressione *Enter*. Clique num ponto próximo ao cilindro para definir o ponto no qual passará o eixo de rotação. Clique no anel verde, digite *90* e pressione *Enter*.

O resultado pode ser visto na figura 6.3 (a). Para rotacionar com um ângulo de 45°, é só repetir o procedimento apresentado para 90° alterando os valores de 90 para 45. Na figura 6.3 (b) pode-se ver o resultado.

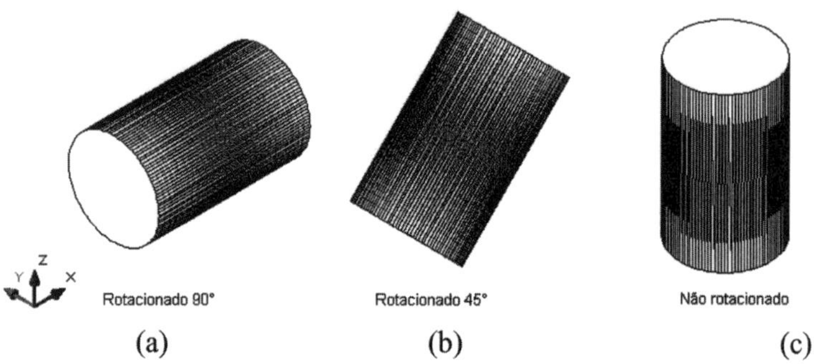

Figura 6.3; Rotação do cilindro em relação ao eixo X.

ALIGN (ALINHAR)

Guia Home → *Solid Editing*

Atalho: 

Comando: *align*

Além do comando *Align* , existe o 3D *Align* . Como ambos conseguem chegar ao mesmo resultado, veremos aqui somente o comando *Align* porque é bem mais simples de ser usado e tem o mesmo procedimento do seguido em 2D.

Para aparecer o atalho *Align* deste comando no painel *Modify*, você precisa clicar na setinha  que aparece ao lado do nome do painel.

Através do comando *Align* podemos alinhar um sólido em relação a outro objeto. Assim pode-se movimentar e rotacionar ao mesmo tempo os sólidos selecionados. A interação do comando é feita através da definição de seis pontos, sendo três pontos de origem e três pontos de destino.

Procedimento: chame a função, clique sobre o objeto que você deseja alinhar e pressione *Enter*. Agora é necessário definir os pontos de origem e destino. Para facilitar, o AutoCAD representa linhas entre os pontos de origem e de destino. Então, clique no primeiro ponto de origem e, em seguida, clique no ponto para onde deverá ir o ponto de origem especificado.

Definido o primeiro ponto de destino, o AutoCAD automaticamente o representará com uma linha. Clique no segundo ponto de origem e no ponto de destino para o mesmo. Clique no terceiro e último ponto de origem e, finalmente, no último ponto de destino. Automaticamente teremos o resultado.

Exemplo - Align

Vamos supor que seja necessário pegar um prisma com faces triangulares e posicioná-lo sobre um paralelepípedo. Na figura 6.4 podemos visualizar os dois sólidos.

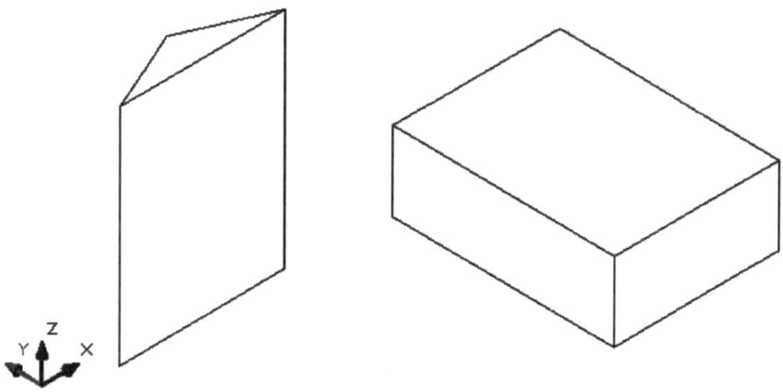

Figura 6.4: Posição dos prismas antes do alinhamento.

Observe que na posição em que ambos se encontram seria necessário rotacionar e movimentar o prisma para poder deixá-lo na posição da figura 6.5 (b). Entretanto, vamos fazer este processo diretamente através do comando *Align*.

Então, chame o comando *Align*, clique sobre o prisma com faces triangulares e pressione *Enter*. Clique no *ponto1* (figura 6.5 (a)) para definir o primeiro ponto de origem, em seguida, clique no *ponto 1'* para definir o ponto de destino do ponto *1*. Clique no *ponto2* para definir o segundo ponto de origem e clique no *ponto 2'* para definir o segundo ponto de destino. Finalmente, clique no *ponto 3* e no *ponto 3'*. O resultado pode ser visto na figura 6.5 (b).

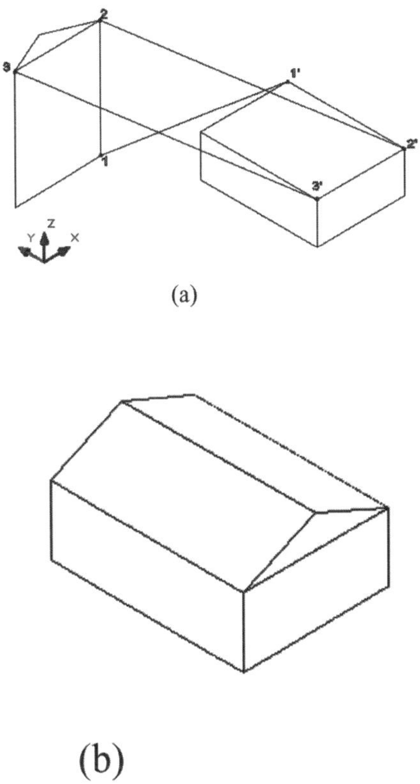

Figura 6.5: Posição dos prismas após o alinhamento.

MIRROR 3D (ESPELHO 3D)

Guia Home → *Solid Editing*

Atalho:

Comando:*mirror3d*

Este comando permite fazer cópias espelhadas do objeto selecionado. O princípio de funcionamento é semelhante ao *Mirror* usado em 2D.

Caso você não conheça este comando, no livro **Aprendendo AutoCAD 2015** - Simples e Rápido, ele é explicado em detalhes.

Procedimento: chame a função , clique sobre os objetos que você deseja fazer o espelhamento e pressione *Enter.* Agora é necessário definir o plano no qual ficará o espelho. Para isto, há várias formas:a automática é clicando em três pontos distintos;outra forma muito usada é através dos planos XY, YZ e ZX. Para especificá-lo, é necessário somente digitar o plano correspondente (XY, YZ ou ZX) e pressionar *Enter.* Em seguida, o AutoCAD pede para você definir sobre o ponto no qual passará o plano especificado, então clique no botão esquerdo do mouse para definir o ponto.

Definida a posição do novo objeto, automaticamente o AutoCAD pergunta se você deseja apagar o objeto antigo (*Delete source objects? [Yes/No] <N>:*). A resposta padrão é *N*(Não). Para aceitar, simplesmente pressione *Enter*. Caso deseje apagar o objeto antigo, digite *Y* (Sim) e pressione *Enter*.

Exemplo - Mirror 3D

Vejamos um exemplo simples de como poderíamos aplicar o comando *Mirror 3D* na prática. Na figura 6.5 (a) temos um cubo e um prisma com faces triangulares. Vamos fazer uma cópia do prisma triangular conforme é visto na figura 6.5 (b).

Para fazermos isto, poderíamos copiar o prisma triangular, depois rotacioná-lo e, por fim, movê-lo para a posição correta. No entanto, este processo requer muito trabalho. Por isto usaremos o comando *Mirror 3D*.

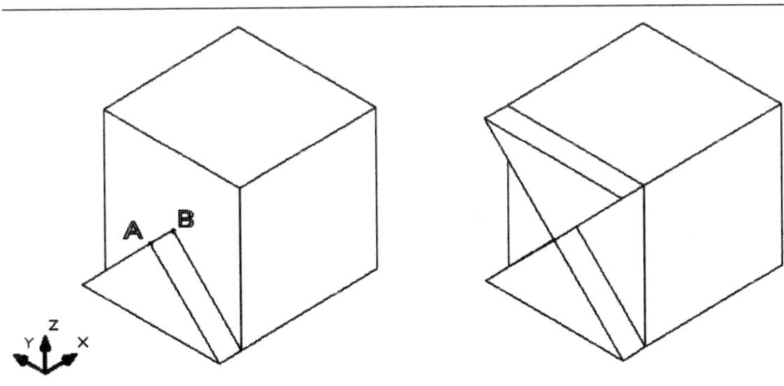

Figura 6.6: Aplicação do Mirror 3D.

Chame o comando *Mirror 3D* , clique sobre o prisma triangular e pressione *Enter*. Agora é necessário definir o plano no qual ficará o espelho. Neste caso, usaremos o plano XY, logo digite *XY* e pressione *Enter*.

Como se deseja que o prisma triangular tenha uma aresta ("reta") em comum, vamos impor que o plano do espelho passe nesta aresta. Por isto, clique no ponto *A* ou *B* conforme a figura 6.6 (a) para especificar onde passará o espelho. Definida a posição do espelho, o AutoCAD perguntará se você deseja apagar o objeto antigo, e como neste caso não desejamos é necessário somente pressionar *Enter*. O resultado pode ser visto na figura 6.6 (b).

MATRIZ RETANGULAR (RECTANGULAR ARRAY)

Guia Home → *Solid Editing*

Atalho:

Comando: *Arrayrect (arra).*

Através deste comando podemos fazer cópias de objetos em arranjos tridimensionais.

Chame o comando. Automaticamente o AutoCAD pede para você selecionar o objeto, selecione e pressione enter. Em seguida, a guia da tela do AutoCAD é alterada para a *Array Creation (Criação Matriz)*, a qual fica conforme ilustrado na figura 6.7.

Conforme você pode observar na figura 6.7, há algumas opções que você precisa definir para que o resultado saia conforme você deseja. Vejamos as principais opções.

No campo *Rows (Linhas)*, especifique o número de linhas em que você deseja copiar os objetos e, no campo *Columns (Colunas)*, especifique o número de colunas. Na janela da figura 6.7, foram especificadas 2 linhas, 4 colunas e 3 níveis.

No campo *Between (Entre)* do painel*Rows* (Linhas), você pode especificar a distância entre as linhas, já no campo *Between (Entre)* do painel *Columns (Colunas)* você pode especificar a distância entre as colunas, bem como em *Between* do Levels, você pode especificar a distância entre os níveis. Além disso, você também tem a opção de definir uma distância total entre as colunas e/ou linhas. Para tanto, basta você especificar no campo Total o valor desejado e pressionar enter. Em seguida, o AutoCAD calcula a distância entre as colunas, linha ou nível e reposiciona os desenhos. O resultado aparece diretamente na tela, conforme ilustrado na figura 6.7.

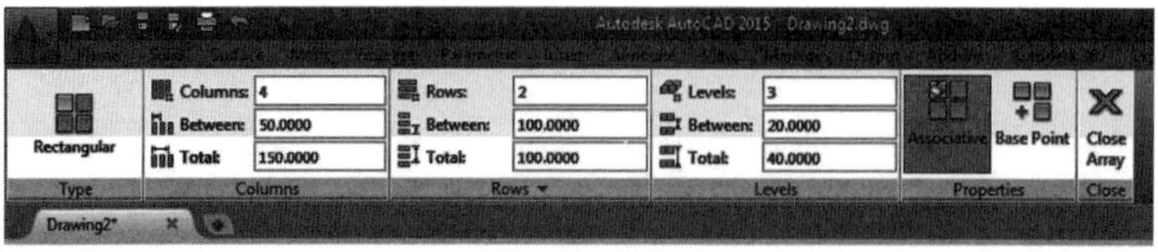

Figura 6.7: Aplicação do comando Array - Rectangular - Guia Array Creation.

Outra opção que você pode alterar é o ponto base (Base Point). Nele você poderá definir o início da matriz. Clique no ícone e clique no ponto desejado.

Além dessas opções, tem outra que é bem interessante você conhecer, a *Associative*. Com essa opção ativa, o AutoCAD agrupa os elementos copiados e mantém a fórmula do resultado do comando. Isso é, ao finalizar o comando, se você selecionar novamente um dos elementos criado com o comando Array, o AutoCAD exibe novamente a Guia *Array Creation* e você pode alterar as propriedades que desejar. Caso você tenha criado com a opção *Associative* ativa e por algum motivo (por exemplo: apagar um elemento) depois você deseja que os elementos fiquem desagrupados, basta você usar o comando *Explod*e (Explodir).

Para finalizar, clique em *Close Array (Fechar matriz)*.

Exemplo - 3D Array Rectangular

Neste exemplo vamos fazer um arranjo de um paralelepípedo de largura 20 unidades de comprimento (u.c.), comprimento 40 u.c. e altura 10 u.c.. Usando o comando *Box*, faça este prisma.

Chame o comando *RectangularArray*, em seguida, clique sobre o paralelepípedo e pressione *Enter.* Automaticamente a guia é alterada para a *Array Creation*, conforme ilustrado na figura 6.7.

Altere os valores para ficar conforme apresentado na figura 6.7, ou seja, Digite *2*, para especificar duas linhas *(Rows)*, digite *4* para especificar o número de colunas *(Columns)* e digite *3(Levels)* para especificar o número de níveis.

Agora vamos especificar as distâncias entre as linhas, colunas e níveis. Digite *100* para definir a distância entre as linhas, digite *50* para definir a distância entre as colunas e digite *20* para definir a distância entre os níveis. O resultado é apresentado na figura 6.8. Para finalizar, clique em Close Array.

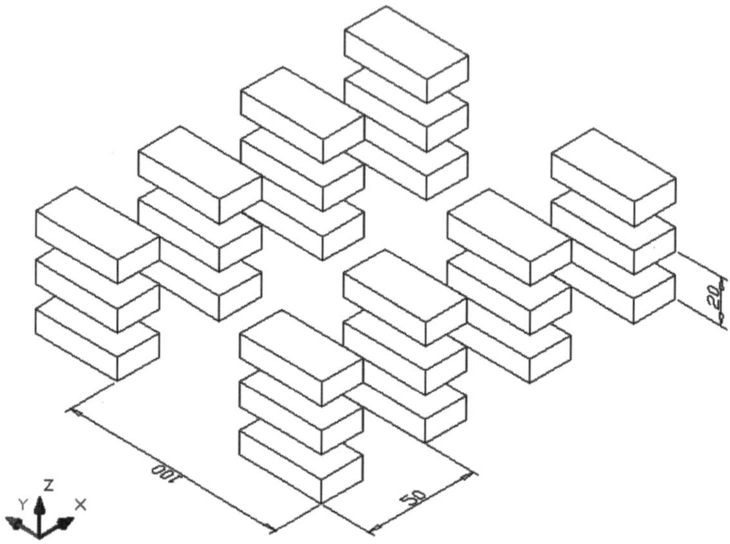

Figura 6.8: Aplicação do comando 3D Array - Rectangular.

MATRIZ POLAR (POLAR ARRAY)

Guia Home → *Solid Editing*

Atalho:

Comando: *Arraypolar (arrayp).*

Este comando possui uma grande utilidade, principalmente para quem pretende fazer desenhos de engrenagens, pois o mesmo torna possível fazer cópias e rotacionar em torno de um centro.

Chame o comando. Automaticamente o AutoCAD pede para você selecionar o objeto, selecione e pressione enter. Na sequência, o AutoCAD pede para você especificar o centro para as cópias dos objetos. Clique no ponto desejado que em seguida a guia da tela do AutoCAD é alterada para a *Array Creation (Criação Matriz)*, a qual fica conforme ilustrado na figura 6.9.

Vejamos as principais definições que você precisa fazer. No Painel *Items (Itens)* temos: o campo *Items (Itens),* no qual você especifica a quantidade total de objetos do comando *Array*; o campo *Between (Entre),* no qual você especifica o ângulo entre os elementos; e no *Fill (Preencher)* você define o ângulo total que as cópias serão feitas. Se você preencher um valor em *Between (Entre),*o AutoCAD calcula o resultado em *Fill (Preencher)* e se preencher em *Fill (Preencher)* o AutoCAD calcula o valor em *Between (Entre).* No nosso exemplo, usamos em *Items (Itens) 10* e *Fill (Preencher)* 360. A figura 6.8 (a) ilustra o resultado desse comando.

No ícone *Rotate Items (Rotacionar itens)* você pode definir que o AutoCAD, além de criar os objetos, gire as cópias também. Para ativar, basta clicar no ícone , quando ativo ele fica com fundo azul.

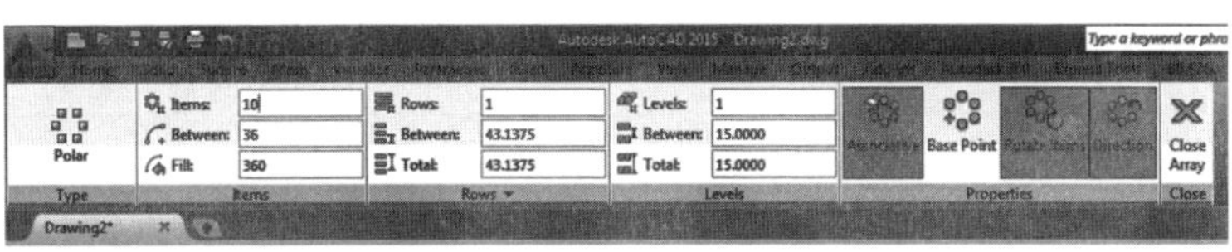

FIGURA 6.9: Aplicação do comando Array - Polar - Guia Array Creation.

No Painel *Rows (Linhas)* você poderá definir quantas "linhas" você deseja criar.

Para finalizar, clique em *Close Array (Fechar matriz)* ✖.

Exemplo - Array Polar

Vejamos como fazer uma engrenagem em 3D.

Primeiro, desenhe, em 2D, a primeira parte da engrenagem com as dimensões que achar melhor ou com as usadas nesse exemplo. Na figura 6.10 é apresentada a primeira etapa.

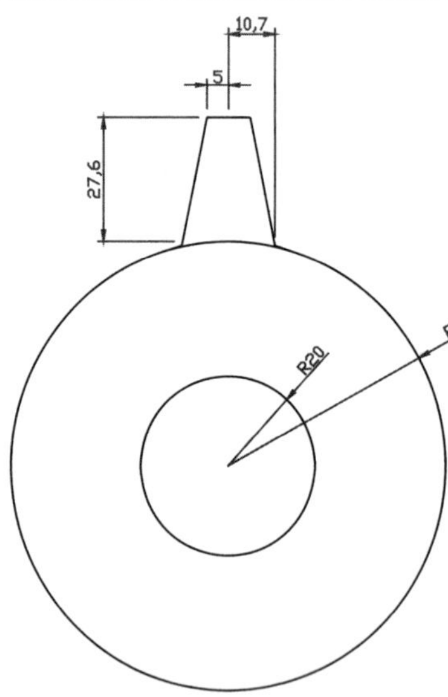

Figura 6.10: Primeira etapa da construção de uma engrenagem.

Após fazer a parte em 2D, chame o comando *Presspull* e transforme todo este desenho em sólido. Neste exemplo configuramos a altura igual a 10. Na figura 6.11 pode-se ver como ficou a primeira etapa após a extrusão.

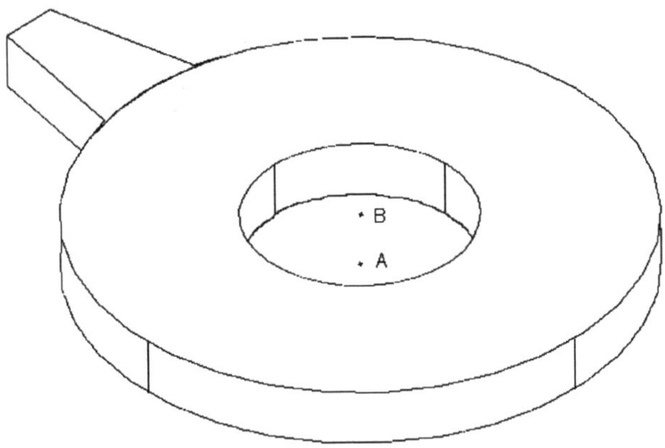

Figura 6.11: Primeira etapa extrudada.

Finalmente, chame o comando *PolarArray* , em seguida, selecione somente o "dente" da engrenagem e pressione *Enter*. Na sequência, clique no centro da engrenagem para definir o centro do Polar Array. No campo Items, digite o número de itens do *Array;* neste caso, o valor será *10*. Especifique o ângulo para uma engrenagem com rotação completa, por isso, em *Fill* deixe a opção padrão, 360°. Em *Rotate Items (Rotacionar itens)* , mantenha ativada a opção. O resultado deverá ser conforme o apresentado na figura 6.12. A figura 6.13 ilustra como fica com a opção *Rotate Items (Rotacionar itens)* desativada. Para finalizar, clique em *Close Array (Fechar matriz)* .

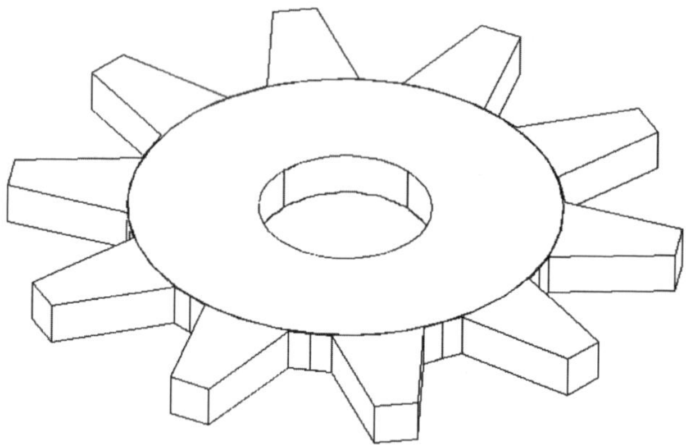

Figura 6.12:
Exemplo 3D Array - Engrenagem.

Os próximos comandos que serão vistos neste capítulo podem ser acessados através do Painel View, da Guia Home, conforme ilustrado na figura 6.14.

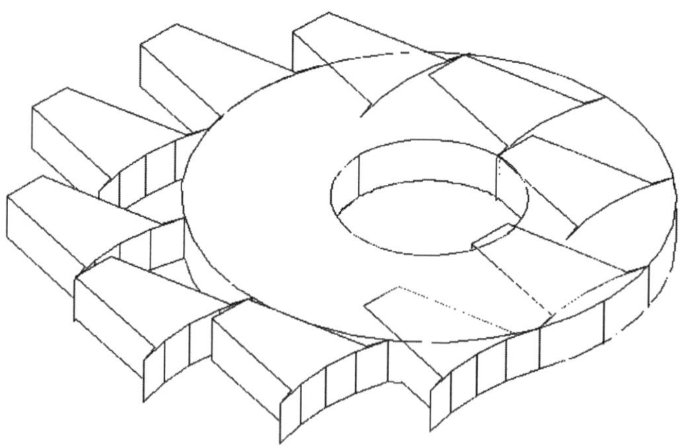

Figura 6.13:
Engrenagem - Sem rotacionar os objetos.

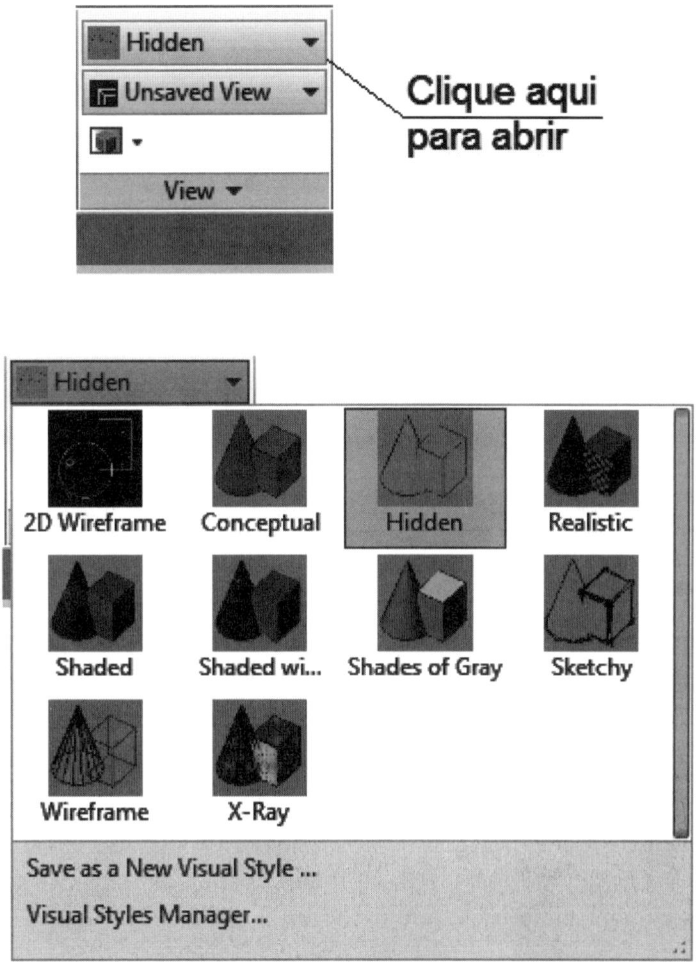

Figura 6.14: Menu View - Opções de visualização.

HIDDEN (OCULTAR)

Guia Home → *Solid Editing*

Atalho: 

Comando: *shademode H*

Com este comando podemos esconder as arestas que não devem aparecer nas perspectivas ou vistas. Normalmente costuma-se chamar estas arestas de linhas invisíveis, já que elas não aparecem na visualização.

Procedimento: chame a função. O resultado é automático.

Exemplo - Hidden

Ao longo do livro acompanhamos vários exemplos do uso deste comando.

Nas figuras 6.4, 6.5 e 6.6 foi usado o comando *Hidden*. Na figura 3.4 (Paralelepípedo e "pirâmide") não foi usada a opção *Hidden*. Por isso, pode-se ver as linhas que pertencem às faces posteriores do sólido. Na figura 6.15 pode-se ver a mesma figura (3.4), porém usando o comando *Hidden*.

Lembre-se de que para usar este comando é necessário somente clicar sobre a tecla de atalho.

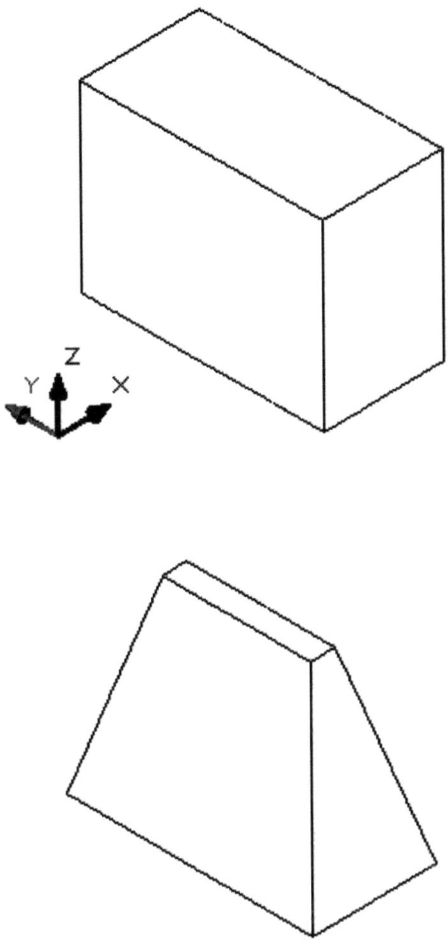

FIGURA 6.15:

Exemplo de visualização com o comando Hidden.

SHADE

Guia Home → *Solid Editing*

Atalho: Realistic

Comando: *shademode r*

Com este comando podemos visualizar os desenhos com as superfícies pintadas, isto é, o AutoCAD pinta as superfícies conforme as cores usadas em cada sólido.

Procedimento: chame a função. Este comando apresenta o resultado assim que o comando é acionado. A figura 6.16 apresenta um exemplo de visualização.

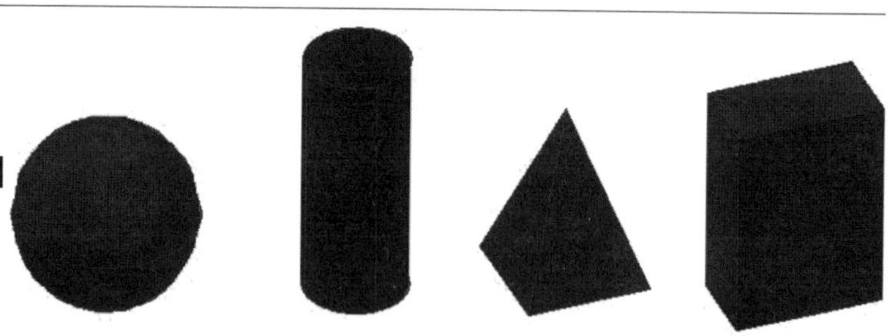

Figura 6.16: Visualização usando o comando Realistic.

CONCEPTUAL

Guia Home → *Solid Editing*

Atalho: 

Comando: *shademode C*

Este comando é semelhante ao *Realistic*. Ele também apresenta as superfícies pintadas. No entanto, o resultado é como se fosse uma pintura manual de um desenho. A figura 6.17 apresenta um exemplo de visualização com este comando.

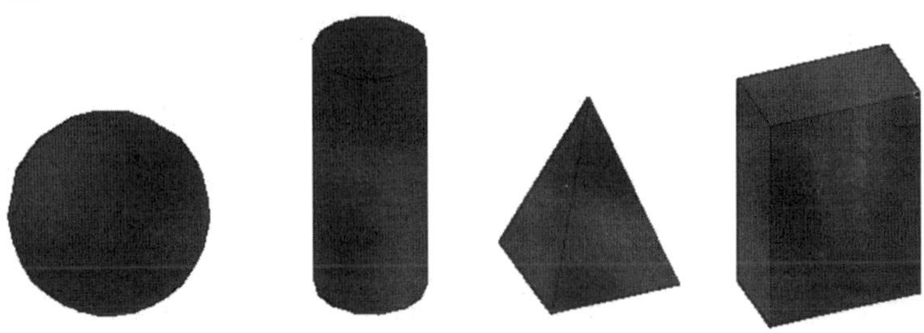

FIGURA 6.17: Visualização usando o comando Conceptual.

3D WIREFRAME

Guia Home → *Solid Editing*

Atalho: 

Comando: *shademode 3*

Este comando mostra todas as linhas do desenho. Na Figura 6.18 são apresentados alguns sólidos vistos nas figuras anteriores, porém, agora, usando o comando *3D Wireframe*.

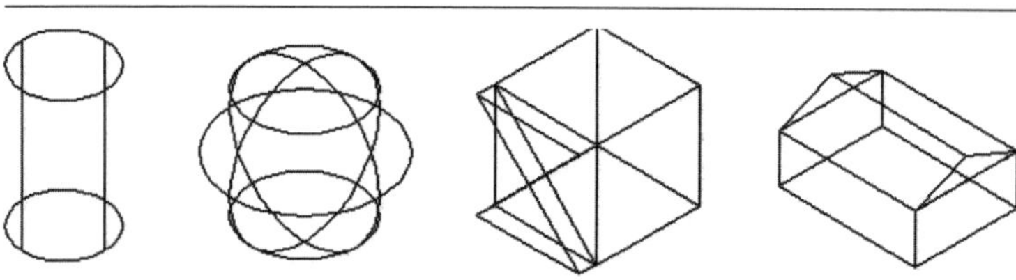

Figura 6.18: Sólidos visualizados através do comando 3D Wireframe.

HIDE

Guia Home → *Solid Editing*

Atalho: 

Comando: *hide*

Como se pode ver, há uma grande semelhança nos próprios nomes dos comandos *Hide* e *Hidden*. O comando *Hide*, bem como o *Hidden*, tem como função esconder as linhas ocultas, porém o comando *Hide*, além de ocultar as linhas invisíveis, adiciona linhas que caracterizam as formas dos sólidos (exibe as linhas visíveis do modo *Wireframe*). Com isto, se obtém um resultado muito próximo de como será impresso o desenho, caso seja utilizada a opção *Ocultar linhas invisíveis* (capítulo 9 - Tutorial Cadeira).

Procedimento: chame a função. O resultado aparece em seguida.

Exemplo - Hide

As figuras 6.19 e 6.20 apresentam um cilindro e um cone de base elíptica, respectivamente, vistos através do comando *Hide*.

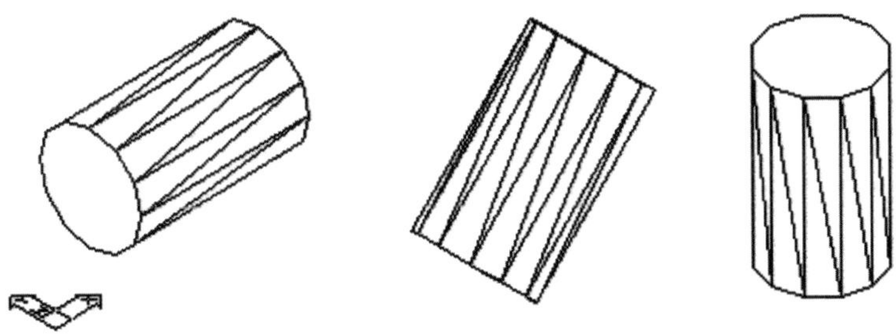

Figura 6.19: Visualização dos cilindros rotacionados usando Hide.

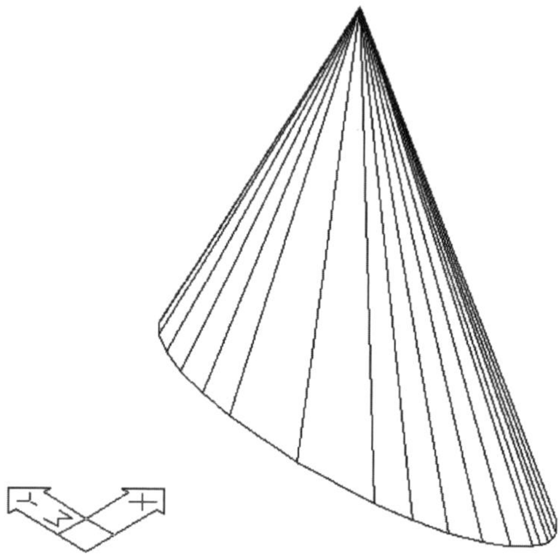

Figura 6.20: Cone de base elíptica visualizado com o comando Hide.

ORBIT

Atalho: 

Comando: *orbit*

O ícone do atalho do comando fica no lado direito da área de trabalho, no *Navigation Bar*. Com este comando você pode mudar o ponto de vista dos objetos em tempo real. Funciona como se estivéssemos rotacionando os sólidos no espaço.

Procedimento: chame a função , Em seguida, surge uma "órbita" no centro da tela. Com o botão esquerdo do mouse pressionado, é só movimentar o cursor que a visualização é instantânea. A figura 6.21 apresenta dois pontos de vista da engrenagem desenvolvida no exemplo sobre *Array Polar*.

(a) (b)

Figura 6.21: Comando Orbit.

Uma alternativa bem prática de acessar o comando *Orbit* é você pressionar a tecla Shift e mantê-la pressionada enquanto aperta o botão Scroll do mouse. À medida que você movimenta o cursor com os botões apertados, a visualização vai sendo rotacionada.

CAMERA

Guia Visualize → Camera

Atalho: 

Comando: *camera*

O comando câmera será bastante útil para você criar vistas como se a pessoa estivesse olhando de um determinado ponto.

Assim que for chamado o comando *Camera*, o AutoCAD pedirá para definir o ponto no qual ficará a câmera; para especificar, é só clicar num ponto ou digitar a coordenada do mesmo. Esse ponto equivale aonde a pessoa estará posicionada para ver a vista.

Em seguida, o AutoCAD pede para ser definido o ponto de visão (local para o qual a câmera estará focalizada). Também pode-se definir o ponto através do cursor ou simplesmente digitando uma coordenada. Após definir o segundo ponto, pressione enter para finalizar o comando ou escolha uma das opções apresentadas pelo AutoCAD. Entre as opções disponíveis, temos a *Heigth*, a qual permite você definir a altura da câmera; e a opção *Target*, que permite definir a posição do foco da câmera.

Para ilustrar melhor a definição desses dois pontos, na figura 6.22 é apresentado um exemplo ilustrativo de dois posicionamentos da câmera. Na figura 6.22(a), é possível ver o desenho usando uma vista isométrica. Dentro da casa, são marcados os dois pontos que servirão como referência para as outras duas figuras, pontos *A* e *B*.

Na figura 6.22 (b) foi definido o primeiro ponto da interação do comando câmera no ponto *A* e o segundo no ponto *B*. Já no caso da figura 6.22 (c), foi definido o primeiro ponto no ponto *B* e o segundo no ponto *A*.

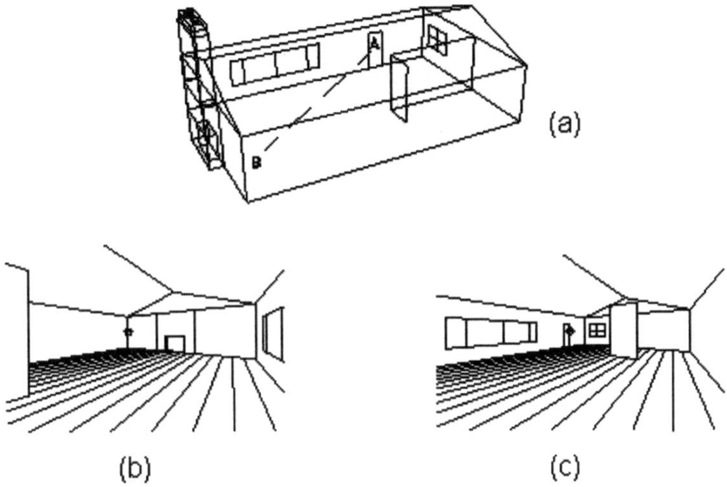

Figura 6.22: Visão interna da casa usando uma câmera.

Após criar a Câmera, o AutoCAD cria um desenho de uma câmera . Se você clicar nela, surgirá uma tela que você poderá visualizar através da figura 6.23.

Na tela, em *Visual Style*, você pode definir a forma de visualização que aparece na tela da *Camera Preview*. Tem as opções: *3d Hidden, 3d Wireframe, Conceptual* e *Realistic.*

Ao clicar na câmera, além da tela *Camera Preview*, você poderá observar que aparece um cone definindo o ângulo de visão da câmera, bem como alguns pontos azuis. Através destes pontos você pode alterar a visão da câmera. Para isto, simplesmente clique nos pontos e arraste para onde você desejar. O resultado do movimento dos pontos é visto em tempo real na janela *Camera Preview*.

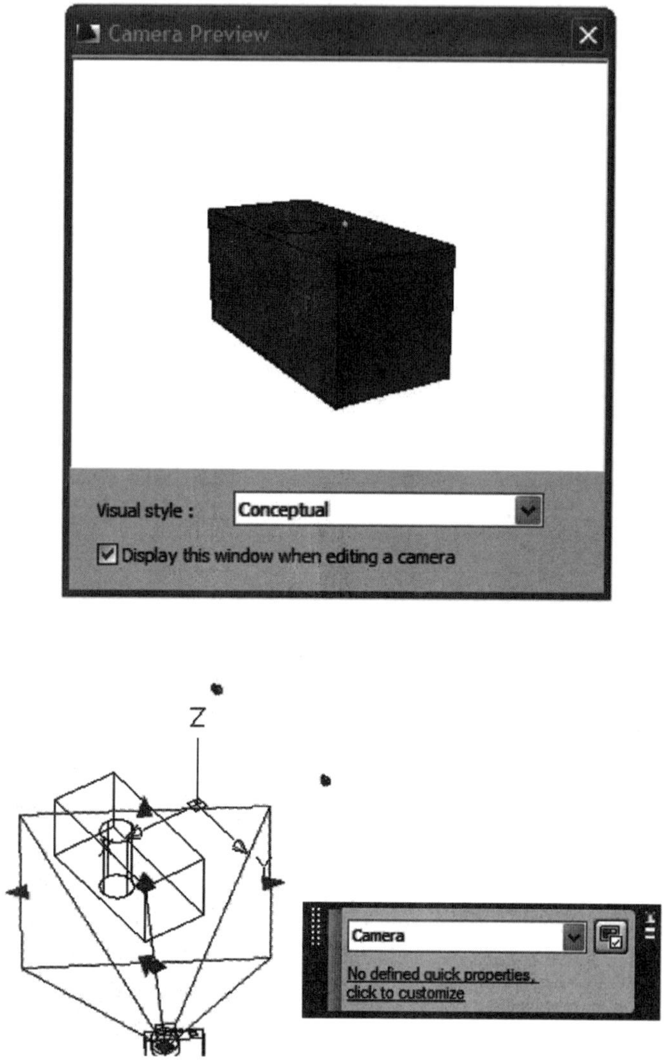

Figura 6.23: Tela de visualização do comando *Camera*.

No item seguinte mostrarei a você como abrir as vistas geradas pelas câmeras.

VISTAS

Guia Home → View

Atalho: *ver figura 6.24*

Comando: *view*

Através deste comando será possível salvar vistas para serem posteriormente usadas ou somente revistas, bem como abrir as imagens geradas pelas câmeras.

Para visualizar uma vista já criada, clique na seta que aparece ao lado do nome da vista atual no painel *View*, veja figura 6.24, Em seguida, clique no nome da vista desejada.

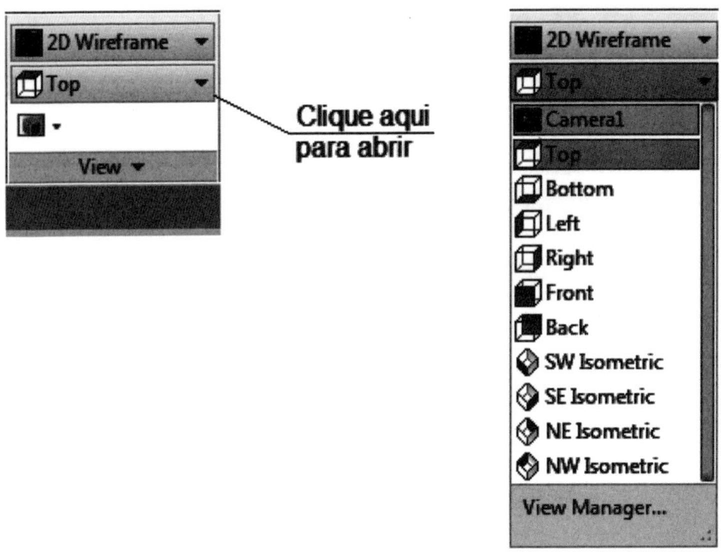

Figura 6.24: Painel de ferramentas View - Selecionar New View.

Para criar uma nova vista, primeiramente posicione o objeto no ponto de vista desejado. Use o comando *Orbit* através do *Shift* mais o botão *Scroll* do mouse simultaneamente. Na sequência, usaremos o *View Manager* para criar as novas vistas.

O comando *View Manager* pode ser acessado clicando em *View Manager* na opção que aparece no painel View, conforme ilustrado na figura 2.24. Se desejar, você poderá acessá-lo também através do ícone  localizado no *Painel View*, da Guia *Visualize*, e ainda há a opção de digitar *view* e pressionar enter. Assim que chamar co comando, aparecerá a caixa de diálogo *View Manager*, que é apresentada na figura 6.25.

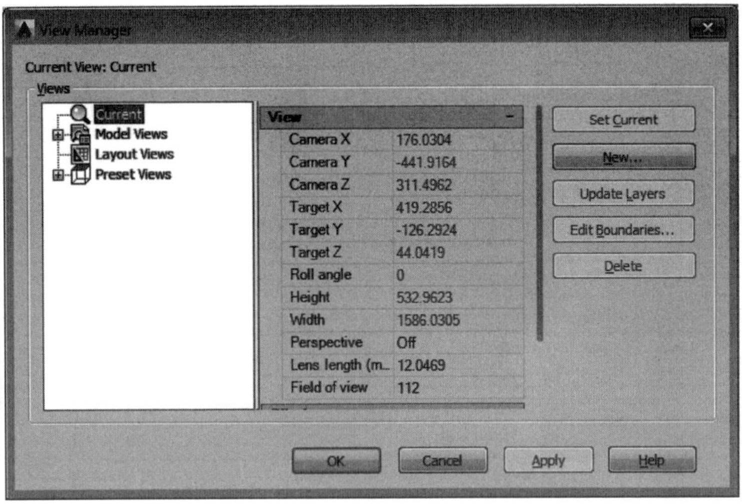

FIGURA 6.25: Caixa de diálogo View Manager.

Para você criar uma nova vista, clique em *New*, na caixa de *diálogo View Manager*, figura 6.25. Em seguida, o AutoCAD apresentará a caixa de diálogo *New View / Shot Properties*, figura 6.26. Caso o objetivo seja somente criar uma vista para posteriormente você poder visualizá-la, o procedimento é muito simples: no cam*po View name*, especifique o nome desejado para a vista e,em seguida, clique em *Ok*.

Procedendo da forma apresentada, ao clicar no campo especificado na figura 6.24, irá aparecer uma lista com os nomes das vistas que você criou. Assim, sempre que você desejar rever a vista salva, basta clicar no nome da vista desejada.

No caso de você usar o comando *Camera* , após definir a vista desejada, você poderá voltar facilmente a rever a vista criada pela câmera, mesmo que depois você faça alterações no posicionamento da câmera.

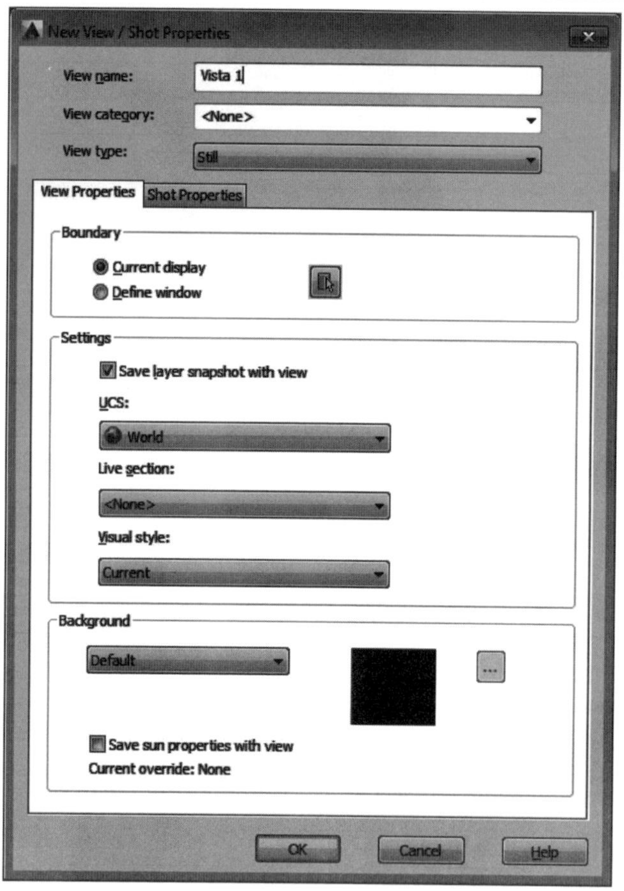

Figura 6.26: Caixa de diálogo New View > Shot Properties.

Outro fator importante que vamos destacar aqui é a possibilidade de se definir um fundo para a vista que você irá salvar.

Para tanto, vejamos as opções em *Background*:

- **Default** - usa o padrão do AutoCAD, preto.
- **Solid** - permite especificar uma cor sólida para o fundo. Ao selecionar esta opção, aparecerá a caixa de diálogo *Background* (figura 6.27(a)). Clique na cor apresentada em *Solid options* que aparecerá a caixa de diálogo *Select color.* Nela você poderá selecionar a cor desejada e clicar em *Ok*.
- **Gradient:** permite especificar um gradiente com até três cores distintas. Assim que selecionar esta opção, aparecerá a caixa de diálogo *Background* apresentada na figura 6.27(b). Clique nas cores correspondentes a *Top Color* (cor do topo), *Middle color* (cor do meio) e *Bottom color* (cor da base) para abrir a caixa de diálogo *Select color* e especificar a cor desejada. No campo *Rotation,* você pode especificar uma rotação para o gradiente e, em *Three color,* você pode desabilitar esta opção e usar um gradiente com duas cores.
- **Image:** nesta opção você poderá definir uma imagem de fundo para a sua cena. Será muito útil para renderização de objetos. Assim que selecionar, aparecerá a caixa de diálogo *Background* (figura 6.27 (C)). Na opção *Image options,* clique em *Browse,* que aparecerá a caixa de diálogo padrão do Windows, *Select File.* Após selecionar a imagem desejada, clique em *Ok*.

- **Sun & Sky:** permite você definir uma iluminação natural/céu como fundo. Ao selecionar a opção, aparecerá a caixa de diálogo *Adjust Sun & Sky Background* (figura 6.27 (d)). Nessa caixa você terá uma série de propriedades que você poderá alterar para ficar com o fundo de acordo com o desejado. Você pode definir um local e uma data específica para a imagem.

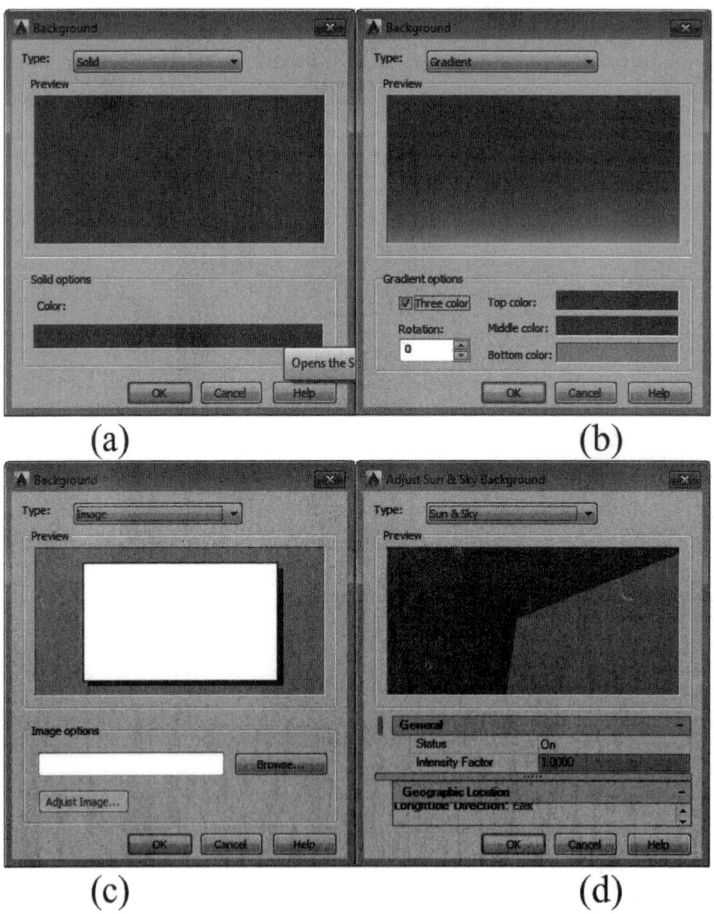

Figura 6.27: Opções do Background (fundo) da vista.

Exemplo - Vista

Para criar uma vista, primeiramente você precisa ter um desenho. Neste caso, usaremos a cadeira.

Antes de criar a vista propriamente dita, você precisa posicionar o desenho da forma que você deseja. Para isto, você pode usar os comandos de visualização como o *Zoom*, *3D Orbit*, *Pan* e outros. Após você ter conseguido posicionar o desenho da forma que você deseja, aí sim você pode criar a vista ou cena.

Para salvar a vista, clique em *View Manager,* conforme indicado na figura 6.24. Em seguida, aparecerá a caixa de diálogo *View Manager,* apresentada na figura 6.25. Na sequência, clique em New, que aparecerá a caixa de diálogo *New View / Shot Properties*, figura 6.26. Neste exemplo, vamos somente salvar a vista sem fazer qualquer tipo de alteração. Logo, digite o nome que você deseja dar para a vista e clique em *Ok*.

A vista foi salva e, se você chamar o comando *Manage View* através do atalho  ou digitando *View* e pressionando enter, você verá o nome da vista salva no campo *Views*.

Para visualizar novamente a vista salva, você também pode clicar no campo indicado na figura 6.24e nas primeiras opções aparecerão os nomes das vistas criadas. Para ativar, é só clicar no nome da vista desejada.

Preste
bem atenção em
como criar vistas, pois você
precisará delas para renderizar
as imagens realistas.

Capítulo 7

TUTORIAL: COMO DESENHAR UM REFRIGERADOR

O refrigerador que iremos desenhar é o modelo RA-30. Na figura 7.1 você pode ver como ficará o resultado final. Todas as dimensões necessárias são apresentadas na figura 7.2.

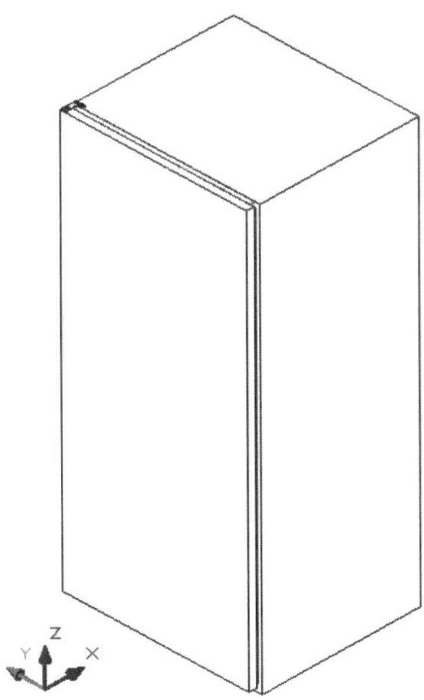

Figura 7.1: Refrigerador em 3D.

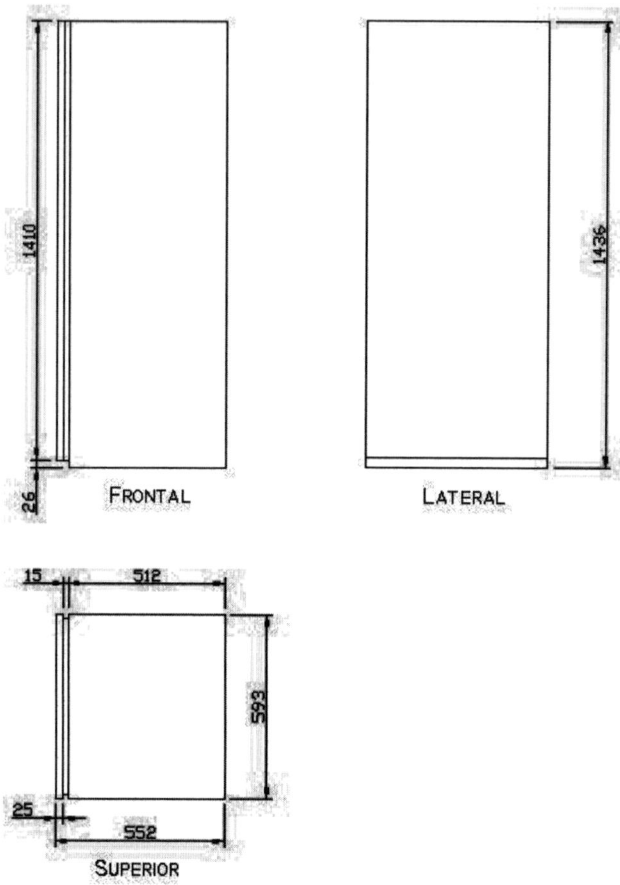

Figura 7.2: Dimensões do refrigerador.

Antes de começar a fazer o desenho, mude para uma vista isométrica. Você pode fazer isto clicando com o botão na seta indicada na figura 1.4 (ou na figura 6.24) e selecionando *Southwest* .

Só para reforçar que nos exemplos a seguir está sendo mantido o uso do @ para indicar que é uma coordenada relativa. No entanto, se você estiver com a entrada dinâmica (*Dynamic Input*) ativa, não há necessidade. Nós conversamos sobre isso no item 2.2 - Coordenadas Cartesianas.Se tiver dúvida de como ativar ou desativar, volte lá que está tudo explicadinho.

CONSTRUÇÃO DO GABINETE DO REFRIGERADOR

Muitos usuários estão optando por deixar o modo *dynamic UCS* ativo. Com isso, o uso do @ antes da coordenada para informar que o zero do sistema de coordenada é relativa ao ponto no qual o cursor está no momento não é obrigatório. Porém, manterei a indicação nas coordenadas relativas para deixar claro quando ela está sendo usada.

Primeiro, vamos fazer o gabinete externo do refrigerador. Para isto, chame o comando *Box* e clique num ponto qualquer para definir o primeiro ponto do gabinete. Digite *@512,593,0* e pressione *Enter*. Digite *1436* e pressione *Enter*. Com isto, definimos o refrigerador, porém ele não é um sólido cheio, possui uma grande abertura para que assim seja possível colocar os alimentos para refrigerar. Desta forma, precisamos criar este espaço.

Para resolver isto, precisamos criar o sólido (gabinete interno) da figura 7.3 (b), o qual foi gerado a partir do objeto da figura 7.3 (a) com linhas contínuas.

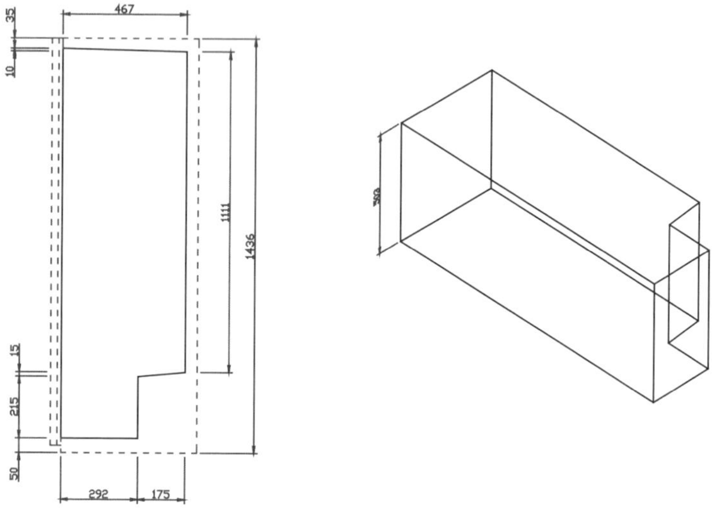

(a) (b)

Figura 7.3: Gabinete interno do refrigerador.

Vamos usar o comando *Polyline*, logo, chame-o e clique num ponto qualquer para definir o primeiro ponto do gabinete interno. Digite *@292,0* e pressione *Enter*. Digite *@0,215* e pressione *Enter*. Digite *@175,15* e pressione *Enter*. Digite *@0,1111* e pressione *Enter*. Digite *@-467,10* e pressione *Enter*. Digite *C* (*Close*) e pressione *Enter* para finalizar o comando.

Concluída esta etapa, podemos extrudar o objeto que acabamos de fazer. Para isto, chame o comando *Extrude* ***Erro! Indicador não definido.***, clique sobre o objeto e pressione *Enter*. Digite *503* e pressione *Enter*. O resultado pode ser visto na figura 7.3 (b).

Antes de posicionarmos o gabinete interno no refrigerador, é necessário girá-lo para que o mesmo fique na vertical. Para isto, chame o comando *3DRotate*, clique sobre o gabinete interno e pressione *Enter*. O ponto no qual passará o eixo de rotação pode ser qualquer um, por isto clique em um ponto próximo da gaxeta. O eixo de rotação será o próprio eixo X, portanto, clique no anel vermelho que aparece em volta do ponto que você definiu para o eixo de rotação. Em seguida, digite *90* (use a *Regra da Mão Direita* para confirmar o sinal positivo da rotação) e pressione *Enter*.

Após esta etapa, o gabinete interno deverá ficar conforme pode ser visto na figura 7.4 (a). Precisamos posicioná-lo no refrigerador. Para isto, chame o comando *Move* , selecione o gabinete interno e pressione *Enter*. Clique no ponto *A* (use *Endpoint*) e observe a figura 7.4 (a). Clique no ponto *B* e veja a figura 7.4 (b). O resultado é apresentado na figura 7.4 (c).

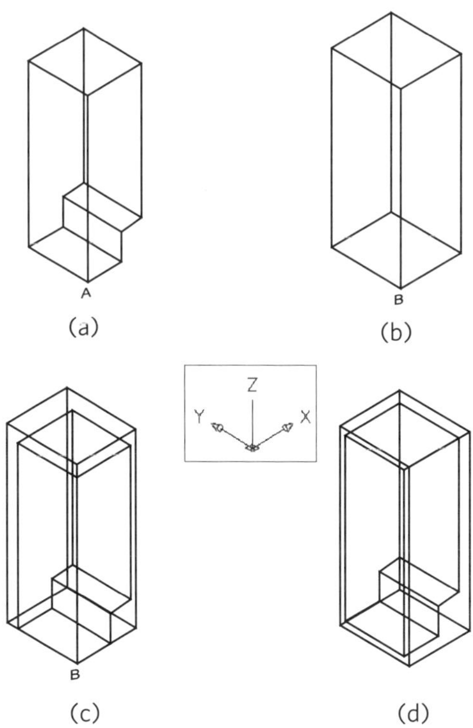

FIGURA 7.4: Posicionamento do gabinete interno.

Agora precisamos fazer mais um pequeno movimento no gabinete interno para que ele fique na posição correta. Chame o comando *Move*, clique sobre o gabinete interno e pressione *Enter*. Clique no ponto *B* (figura 7.4 (c)), digite *@0,45,50* e pressione *Enter*.

Com o gabinete interno na posição correta, podemos subtraí-lo do gabinete externo. Para isto, chame o comando *Subtract* , clique no gabinete externo do refrigerador e pressione *Enter*. Clique no gabinete interno e pressione *Enter*. O resultado quando não se está usando outros comandos de visualização, como *Hidden* e *Shade*, é o mesmo que o apresentado na figura 7.4 (d).

Se usarmos o comando *Hidden* 

, o resultado fica muito mais realístico (figura 7.5).

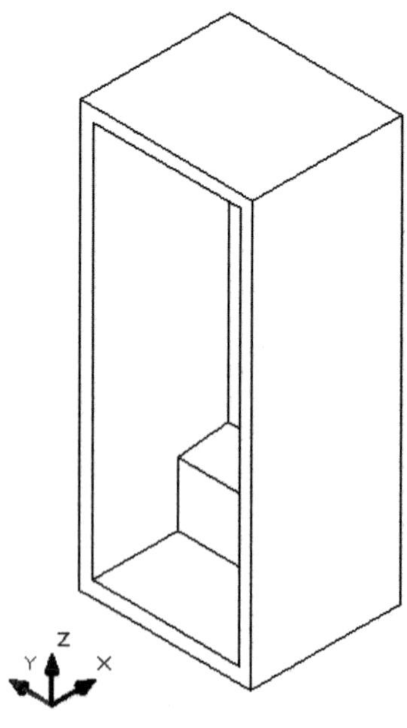

Figura 7.5: Refrigerador com o gabinete interno - Hidden.

CONSTRUINDO A PORTA E A GAXETA

A próxima etapa é fazermos a porta do refrigerador. Usaremos o comando *Box*, logo, chame-o e clique num ponto qualquer para definir o primeiro ponto da porta. Digite *@1410,593,0* e pressione *Enter*. Digite *25* e pressione *Enter*.

Além da porta, precisamos fazer também a borracha de vedação (gaxeta) da mesma. Para isto, vamos fazer primeiramente a projeção da mesma em 2D e depois extrudar. As dimensões da borracha estão na figura 7.6 (a).

Portanto, chame o comando *Rectangle*, clique num ponto qualquer para definir o primeiro ponto, digite *@1410,567* e pressione *Enter*. Chame o comando *Offset*, digite *15* e pressione *Enter*. Clique sobre o retângulo que acabou de fazer e em qualquer ponto no lado interno do mesmo pressione *Enter* para finalizar o comando.

Agora chame o comando *Extrude*, clique sobre os dois retângulos da gaxeta e pressione *Enter*. Digite *15* e pressione *Enter* para finalizar o comando.

Com isto, criamos dois sólidos, mas precisamos somente de um que seja a diferença entre os dois. Por isto, usaremos o comando *Subtract* para retirar do maior o sólido menor. Logo, chame o comando *Subtract*, clique no retângulo maior e pressione *Enter*. Clique no retângulo menor e pressione *Enter* para finalizar o comando. O resultado pode ser visto na figura 7.6 (b).

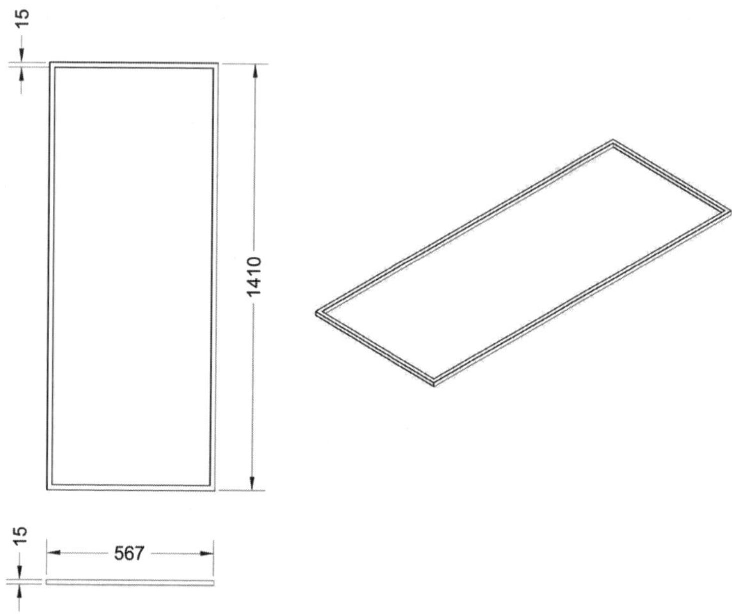

Figura 7.6: Dimensões e visualização da gaxeta.

Outra forma de fazer o mesmo procedimento é usando o comando *Presspull* . O procedimento é bem simples: com os dois retângulos concluídos, chame o comando *Presspull*. Na sequência, mova o cursor para ficar entre os dois retângulos (amplie o zoom com o Scrool do mouse, caso necessário) até que o AutoCAD represente os dois retângulos com linhas tracejada, conforme ilustrado na figura 7.7. Assim que isso ocorrer, clique com o botão esquerdo. Imediatamente, o AutoCAD solicita a você a altura da extrusão. Digite 15 e pressione enter. O resultado fica conforme ilustrado na figura 7.6 (b).

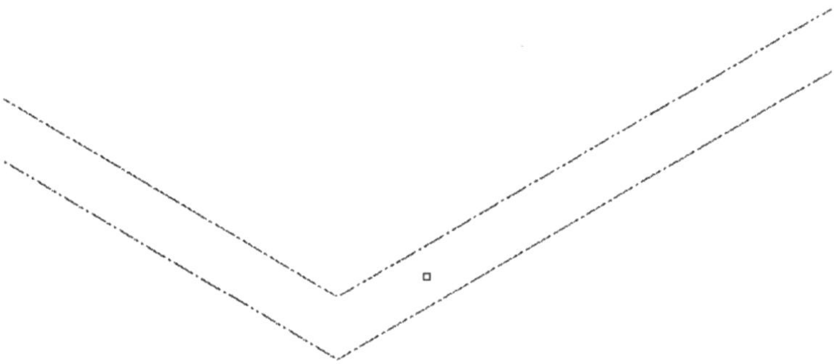

FIGURA 7.7: Seleção de objeto com o comando Presspull.

A próxima etapa é posicionar a gaxeta na porta. Chame o comando *Move* , clique sobre a gaxeta e pressione *Enter*. Clique no ponto *A*, observe a figura 7.8 (a)), para definir o ponto base. Clique no ponto *B* para definir a posição final.

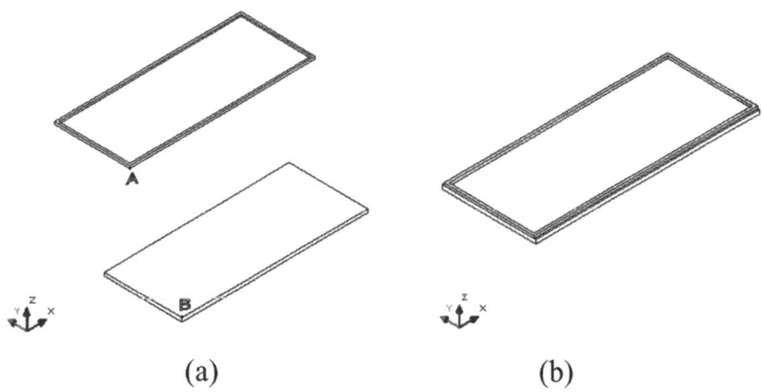

FIGURA 7.8: Porta com gaxeta.

A gaxeta ainda não está na posição correta, precisamos fazer um pequeno deslocamento da mesma. Portanto, chame o comando *Move*, clique num ponto qualquer, digite *@0,13* e pressione *Enter*. O resultado pode ser visto na figura 7.8 (b).

CONSTRUINDO OS SUPORTES E OS PINOS DA PORTA

Antes de posicionarmos a porta no gabinete, precisamos fazer os apoios da porta para que ela possa abrir e fechar. Na figura 7.9 (a), são apresentadas as dimensões para o suporte superior e na 7.9 (b) para o suporte inferior.

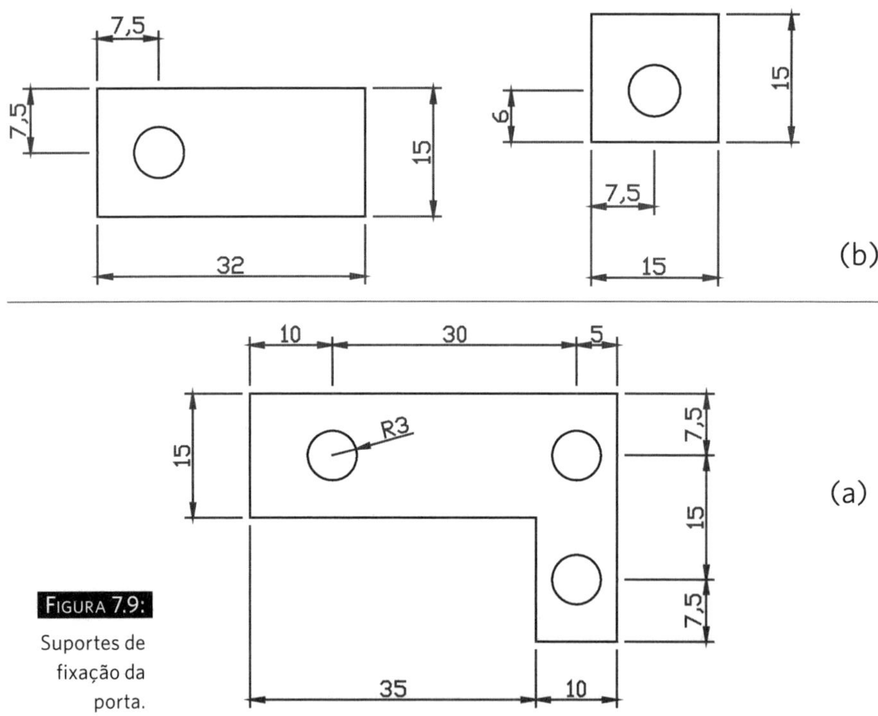

Figura 7.9: Suportes de fixação da porta.

Usando o comando *Polyline* , faça os desenhos apresentados na figura 7.9. Em seguida, chame o comando *Extrude*  e selecione todo o desenho da figura 7.9. Pressione *Enter* para indicar que você não deseja mais selecionar, digite *3* e pressione *Enter*. Na figura 7.10 é apresentado o resultado da extrusão.

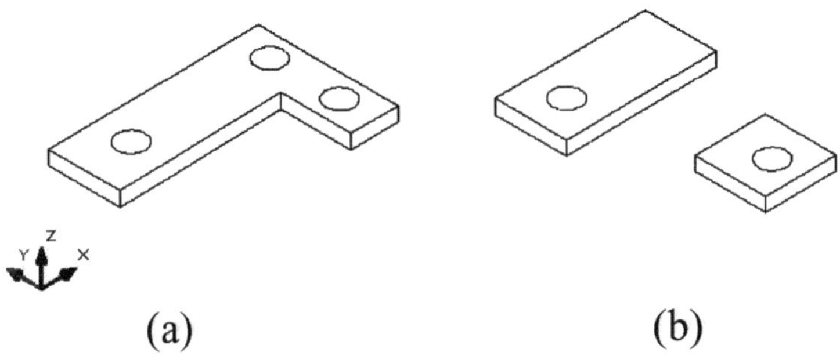

Figura 7.10: Suportes após o processo de extrusão.

Chame o comando *Subtract*  para criarmos os furos dos suportes. Clique sobre o suporte da figura 7.10 (a) e pressione *Enter*. Clique sobre os cilindros (furos) do suporte da figura 7.10 (a) e pressione *Enter*. Na figura 7.11 podemos ver o resultado. Chame novamente o comando *Subtract*, clique sobre o maior suporte da figura 7.10 (b) e pressione *Enter*. Clique sobre o cilindro deste suporte e pressione *Enter*. Pressione *Enter* mais uma vez para chamar o comando *Subtract*, pois ele foi o último comando utilizado. Clique sobre o menor suporte da figura 7.10 (b) e pressione *Enter*. Clique sobre o cilindro do mesmo suporte e pressione *Enter*. O resultado é apresentado na figura 7.11.

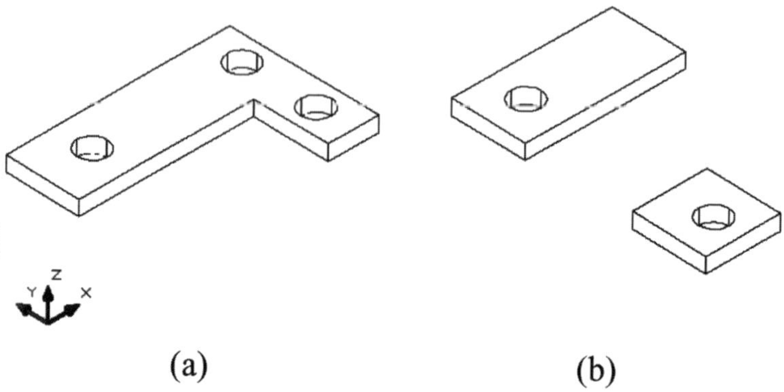

Figura 7.11: Suporte de fixação da porta extrudado.

Assim como fizemos com a gaxeta da porta, também poderíamos fazer o mesmo procedimento para fazer os suportes de fixação da porta usando o comando *Presspull* . Para tanto, após fazer a poligonal com as circunferências nas posições indicadas na figura 7.9, chame o comando *Presspull*. Em seguida, mova o cursor para ficar dentro da poligonal, mas fora das circunferências, até que o AutoCAD represente os contornos com linhas tracejada, conforme ilustrado na figura 7.7. Assim que isso ocorrer, clique com o botão esquerdo. Por fim, digite a altura da extrusão, 3, e pressione enter. O resultado fica conforme ilustrado na figura 7.11.

O suporte superior já está pronto, mas no inferior é necessário unir as duas peças. Porém, antes eles precisam estar nas posições corretas. Por isto, primeiramente, iremos rotacionar o maior suporte da figura 7.12 (b). Logo, chame o comando 3D Rotate , clique sobre o suporte, pressione Enter. Clique num ponto qualquer, de preferência próximo do suporte. Clique no anel vermelho para selecionar o eixo X como eixo de rotação. Digite 90 e pressione Enter. Além desta rotação, é necessário girar novamente. Portanto, chame o comando 3D Rotate, clique sobre o suporte e pressione Enter. Clique num ponto qualquer próximo do suporte para especificar o ponto de rotação. Selecione o anel verde para indicar que o eixo Y será a referência de rotação. Digite 90 e pressione Enter. Na figura 7.12 (a) pode-se ver o resultado final.

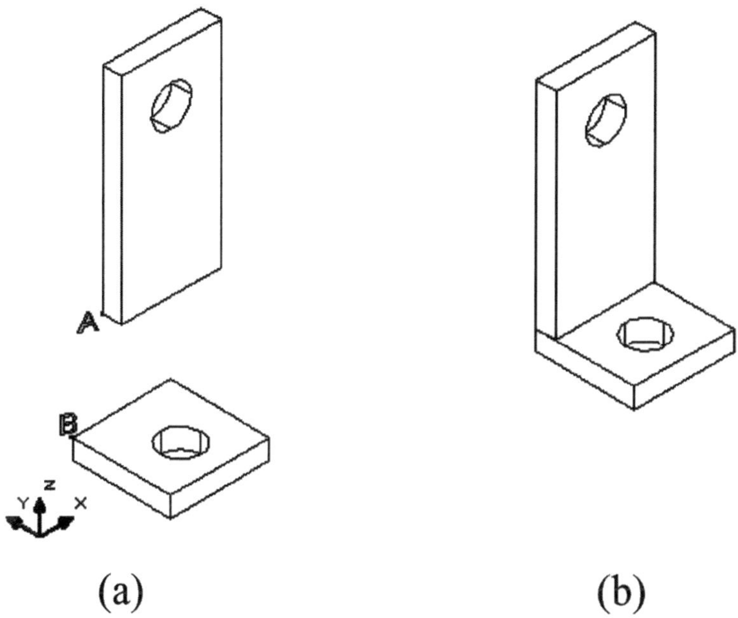

FIGURA 7.12: Posicionamento do suporte inferior da porta.

Agora é necessário movimentar o suporte para a posição apresentada na figura 7.12 (b). Para isto, chame o comando *Move*, clique sobre o maior suporte e pressione *Enter*. Clique no ponto *A* (figura 7.12 (a) - use *Endpoint*). Clique no ponto *B*. O resultado é apresentado na figura 7.12 (b).

Além disto, vamos unir estas duas peças através do comando *Union*. Portanto, chame-o, clique sobre as duas peças e pressione *Enter*. Com isto, elas ficam sendo uma só peça, o suporte inferior da porta.

Após termos concluído os suportes, podemos posicioná-los no refrigerador. Para isto, chame o comando *Move*, clique sobre o suporte superior (figura 7.13 (a)) e pressione *Enter*. Clique nos pontos *A* e *B* (figura 7.13 (b). Observe atentamente que o ponto *A* fica na face inferior do suporte, não selecione o ponto da face superior.

Além disto, é necessário movimentar o suporte no sentido do eixo X. Chame o comando *Move*, clique num ponto qualquer sobre o suporte e pressione *Enter*. Digite *@10,0* e pressione *Enter*. Com isto, o suporte ficará na posição correta.

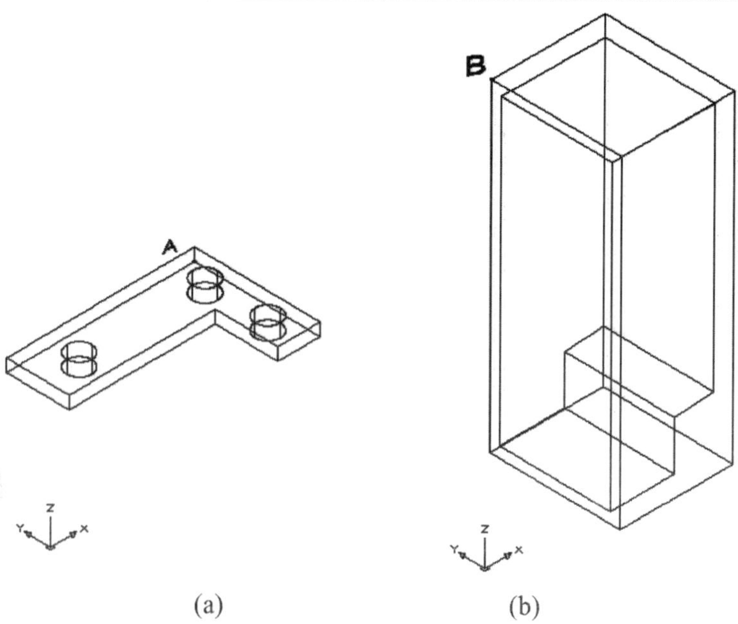

Figura 7.13: Posicionamento do suporte superior.

Quanto ao outro suporte, antes de posicionarmos na posição correta, é necessário girarmos; portanto, chame o comando *3D Rotate* , clique no suporte inferior e pressione *Enter*. Clique num ponto qualquer próximo do suporte.

Selecione o anel verde, digite *-90* e pressione *Enter*. Chame novamente o comando *3D Rotate*, clique no suporte e pressione *Enter*. Clique num ponto qualquer próximo do suporte, selecione o anel vermelho, digite *90* e pressione *Enter*. O resultado pode ser visto na figura 7.14 (a).

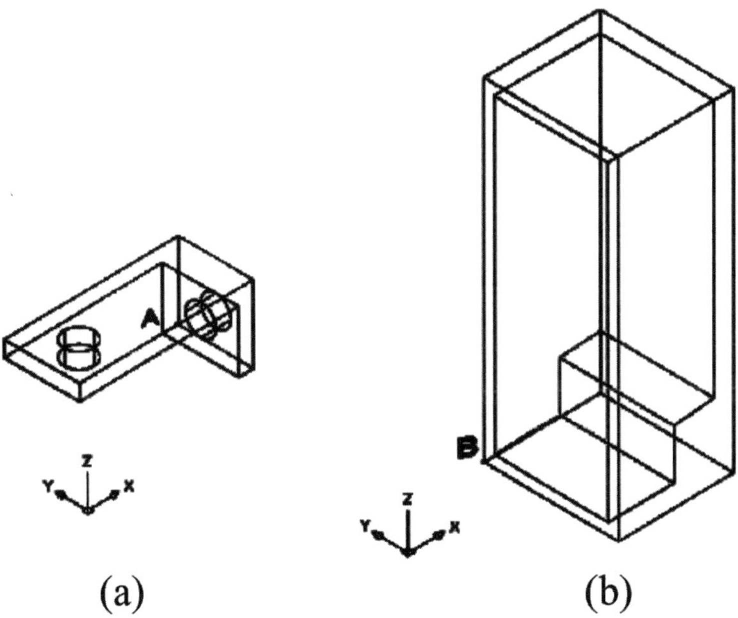

Figura 7.14: Posicionamento do suporte inferior.

Agora podemos posicioná-lo para a posição correta.

Chame o comando *Move* , clique sobre o suporte inferior e pressione *Enter*. Clique no ponto *A* (figura 7.14 (a)) e observe que ele é o da face posterior (está destacado com um círculo preto), em seguida, clique no ponto *B* (figura 7.14 (b)).

O suporte ainda não está na posição correta, é necessário mais um pequeno deslocamento. Para isto, chame o comando *Move*, clique sobre o suporte inferior e pressione *Enter*. Digite *@0,0,11* e pressione *Enter*. Desta forma, os suportes estão devidamente posicionados.

Concluída esta etapa, podemos criar os pinos de fixação e posicioná-los no suporte. Veja na figura 7.15 como serão os pinos.

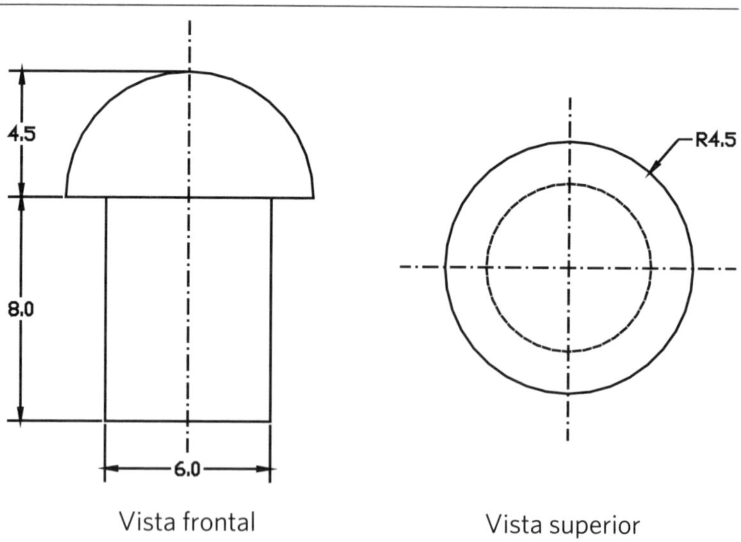

Figura 7.15: Vistas dos pinos da porta.

Começaremos fazendo os pinos pela base cilíndrica. Para isto, chame o comando *Cylinder* , clique num ponto qualquer para definir o centro do cilindro, digite *3* e pressione *Enter*. Digite *8* para definir a altura e pressione *Enter*.

A cabeça do pino será feita a partir de uma esfera. Portanto, chame o comando *Sphere* , clique num ponto qualquer para definir o centro da mesma, digite *4.5* e pressione *Enter*.

Vamos dividir esta esfera pela metade. Para isto, usaremos o comando *Slice* . Chame-o, clique sobre a esfera e pressione *Enter*. Digite *XY* para definir o plano de corte e pressione *Enter*. Clique no centro da esfera (use a opção *Center*) para definir o ponto no qual passará o plano de corte. Digite *B* (*Both Side*) e pressione *Enter*. Chame o comando *Erase* , clique na metade inferior da esfera e, em seguida, pressione *Enter* ou simplesmente selecione o objeto e pressione a tecla Del.

Com isto, concluímos as duas peças para podermos formar o pino da porta. Vamos movimentar a semiesfera para a posição correta. Para isto, chame o comando *Move*, clique sobre a semiesfera e pressione *Enter*. Clique no centro da esfera para definir o ponto de referência e clique no centro da face superior do cilindro para definir o ponto no qual ficará a semiesfera.

Para concluir o pino, vamos somente unir a semiesfera com o cilindro, para isto, chame o comando *Union*, clique sobre a semiesfera e o cilindro e pressione *Enter*. O resultado pode ser visto na figura 7.16.

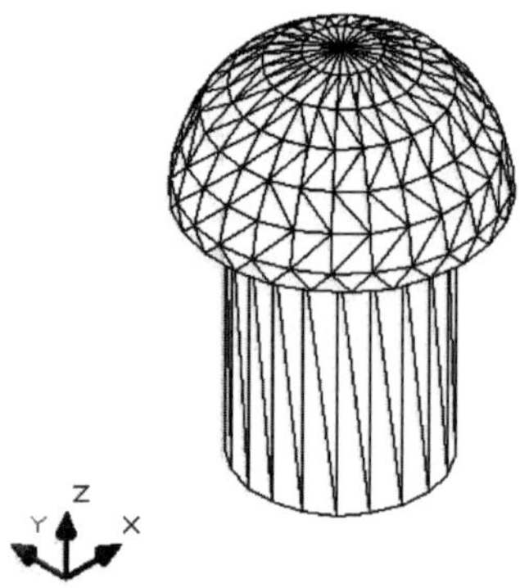

Figura 7.16:
Pino da porta.

Começaremos posicionando os pinos do suporte superior da porta. Para isto, chame o comando *Copy*, clique sobre o pino e pressione *Enter*. Clique no centro da semiesfera para definir o ponto de referência, clique no centro de cada furo do suporte superior e, em seguida, pressione *Enter* para finalizar o comando. O resultado pode ser visto na figura 7.17.

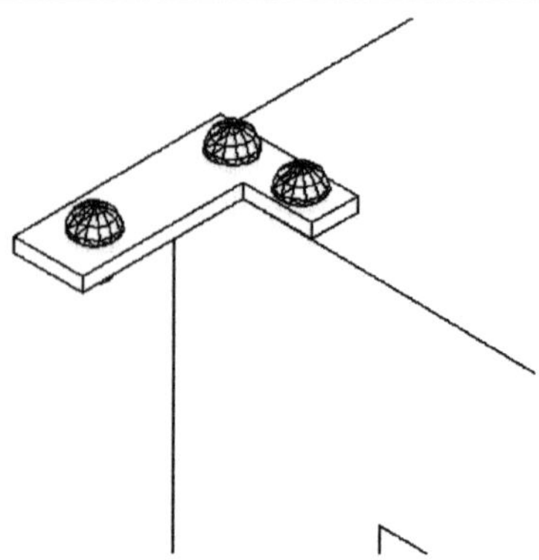

Figura 7.17:
Pinos posicionados no suporte superior da porta.

No caso do suporte inferior, vamos fazer uma cópia do pino antes de posicionarmos. Por isso, chame o comando *Copy* e faça uma cópia do mesmo. Neste caso, os pinos não poderão ser simplesmente posicionados no suporte, pois eles precisarão ser girados antes. Portanto, chame o comando *3D Rotate* e clique sobre um pino e pressione *Enter.* Clique num ponto qualquer próximo à base do pino, selecione o anel vermelho, digite 180 e pressione *Enter.* Neste caso, foi escolhido o eixo *X* como eixo de rotação para facilitar.

Com isto, podemos posicionar o pino no furo do suporte. Chame o comando *Move*, clique sobre o pino e pressione *Enter.* Clique no centro da semiesfera do pino (ponto *A*) - ver figura 7.18 - clique no centro inferior do furo do suporte (ponto *B*).

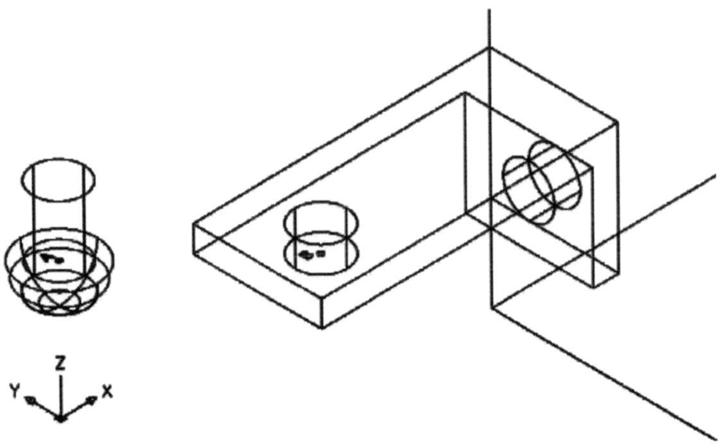

FIGURA 7.18: Posicionamento do primeiro pino.

Para posicionarmos o outro pino é também necessário girar. Para isso, chame o comando *3D Rotate*, clique sobre o pino e pressione *Enter.* Clique num ponto qualquer próximo à base do pino para definir o ponto no qual passará o eixo de rotação. Selecione o anel verde.Em seguida, precisamos definir o ângulo de rotação, por isso devemos estar atentos à regra da mão direita (ver item *A regra da mão direita*), pois o ângulo de rotação é -90°. Então, digite -90 e pressione *Enter*. Na figura 7.19 pode-se ver como ficou o pino.

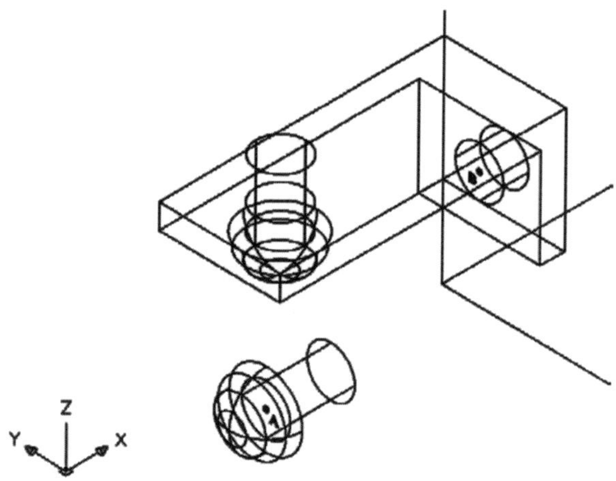

Figura 7.19: Posicionamento do segundo pino.

Após girarmos o pino, podemos movimentá-lo para a posição correta. Para isto, chame o comando *Move*, clique sobre o pino e pressione *Enter*. Clique no ponto *A* (ver figura 7.19). Este ponto é selecionado através da opção *Center* (pressione o botão direito mais *Shift*) e clicando-se no centro da semi-esfera. Definido o ponto base para poder movimentar o pino, precisamos especificar a posição final do mesmo. Para isto, clique no ponto *B*, o qual é selecionado usando a opção *Center* e clicando-se no centro do furo. O resultado pode ser visto na figura 7.20.

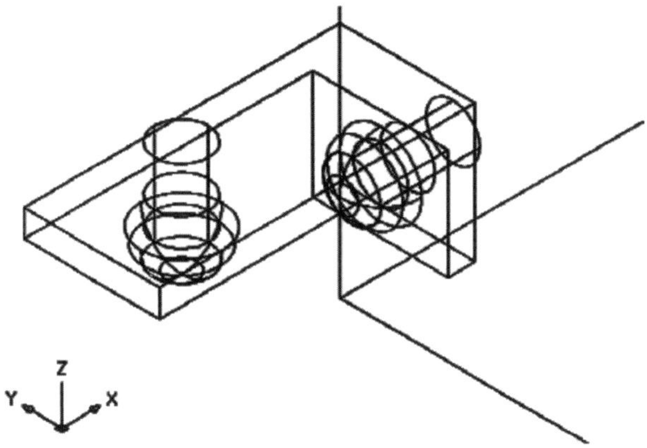

Figura 7.20: Resultado do posicionamento dos pinos do suporte inferior.

POSICIONAMENTO DA PORTA

Com os suportes da porta e os pinos posicionados nos seus devidos lugares, podemos posicionar a porta no refrigerador. Para isto, primeiramente precisamos rotacioná-la para que fique na vertical, já que a posição atual é a horizontal (ver figura 7.8).

Chame o comando *3D Rotate*  ***Erro! Indicador não definido.***, clique sobre a porta e a gaxeta e pressione *Enter*. Clique num ponto qualquer, de preferência próximo à base inferior da porta. Selecione o anel verde, digite 90 e pressione *Enter*. Na figura 7.21 é apresentado o resultado.

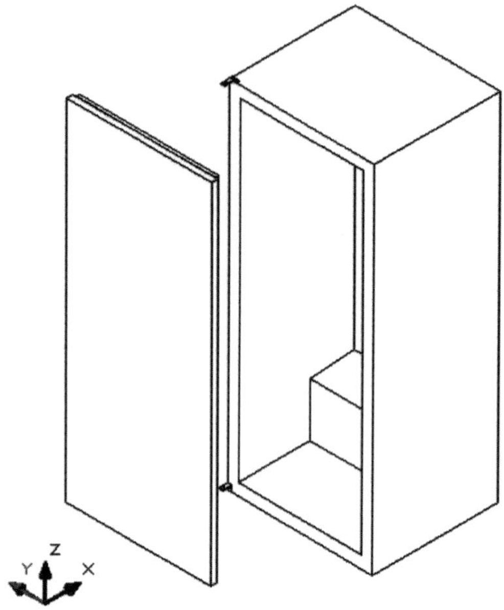

Figura 7.21: Porta na vertical.

Agora podemos movimentar a porta para a posição correta.Para isto, chame o comando *Move*, selecione a porta e a gaxeta e pressione *Enter*. Clique no ponto *A* (ver Figura 7.22(a)) e,em seguida, clique no ponto *B* e observe a figura 7.22(b).

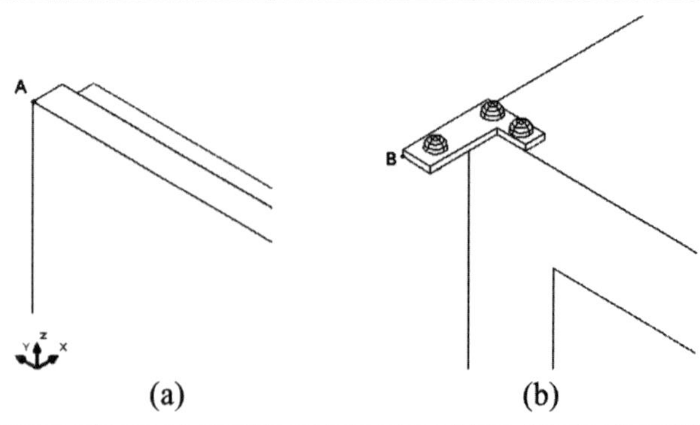

Figura 7.22: Vista ampliada do canto superior da porta e do refrigerador.

Talvez você possa estar pensando que a porta já está na posição correta, mas isto não é verdade. Na figura 7.23 é apresentado o resultado deste deslocamento da porta e da gaxeta; além disto, pode-se ver com detalhes a região do suporte superior da porta. Observe atentamente que a gaxeta está dentro do refrigerador e não encostada na superfície do mesmo.

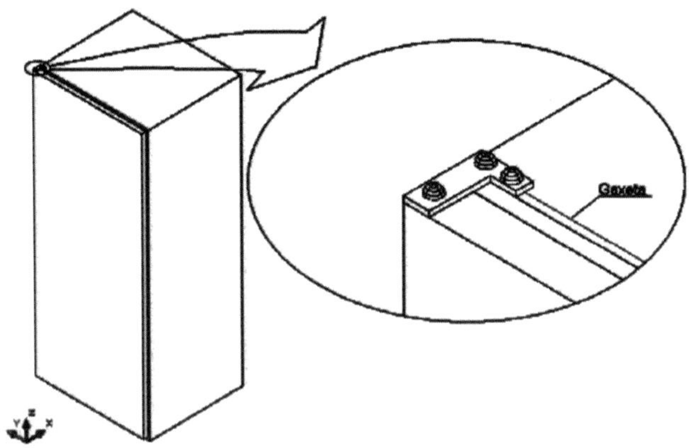

Figura 7.23: Detalhe do posicionamento da porta.

Para resolvermos este pequeno detalhe, precisamos afastar a porta e a gaxeta 5 mm do refrigerador. Para isto, chame o comando *Move* 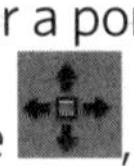, selecione a porta e a gaxeta, tome muito cuidado na hora de selecionar os objetos, pois você pode facilmente selecionar o refrigerador em vez de selecionar a porta. Assim que selecioná-los, pressione *Enter* para indicar que não deseja selecionar outro objeto. Clique num ponto qualquer e digite @-5,0 e pressione *Enter.* Agora sim a porta está na posição correta e, com isto, terminamos o refrigerador. O resultado pode ser visto na figura 7.1.

Na figura 7.24 são apresentadas as três vistas principais do refrigerador. O processo de obtenção das vistas é explicado com detalhes no *Exemplo - Cadeira 3D*.

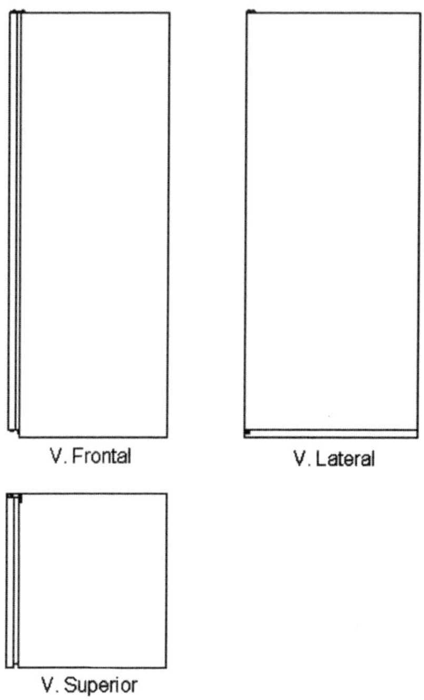

Figura 7.24: As três principais vistas do refrigerador.

Se levarmos em consideração que a frente do refrigerador é a porta, então a vista frontal do refrigerador seria a vista lateral apresentada na figura 7.24. Isto ocorreu em função da posição do refrigerador no sistema de coordenadas. Para resolver, bastaria você rotacionar o refrigerador.

Capítulo 8

TUTORIAL: COMO DESENHAR UMA CADEIRA EM 3D

Para que o exemplo não fique muito extenso, não serão explicados os procedimentos para fazer os desenhos em 2D que foram necessários. Partiremos do princípio de que você já domina as ferramentas do 2D.

> Caso ainda tenha alguma dificuldade sobre 2D, leia o livro "**Aprendendo Auto-CAD 2015 - Simples e Rápido**", onde há explicação bem detalhada de todos os co-mandos necessários para dar continuidade a este exemplo.

O que vamos fazer é uma cadeira muito simples, mas que nos permitirá utilizar inúmeros comandos já apresentados neste livro. Na figura 8.1 é apresentada a cadeira pronta e na figura 8.2 temos as vistas principais.

Figura 8.1:
Cadeira numa vista SW Isométrica

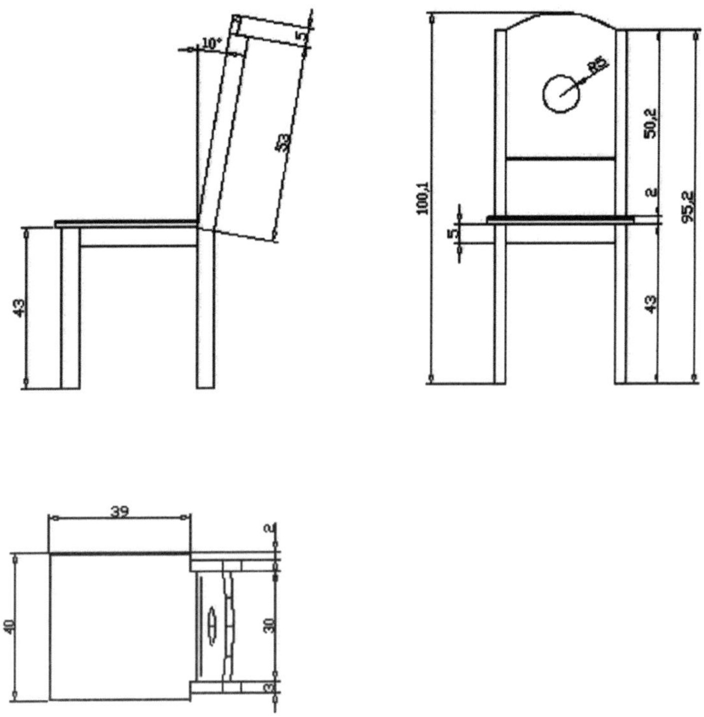

Figura 8.2:
As três vistas principais da cadeira.

Primeiro, entre na área de trabalho do AutoCAD. Agora você está no espaço tradicional do 2D. Caso não esteja, acompanhe a figura 1.2 para aprender como fazer a mudança do espaço 3D para 2D.

Vamos aproveitar e fazer os desenhos 2D necessários para depois mudarmos da vista superior para uma isométrica. Logo, faça todos os desenhos apresentados na figura 8.3 conforme as respectivas cotas.

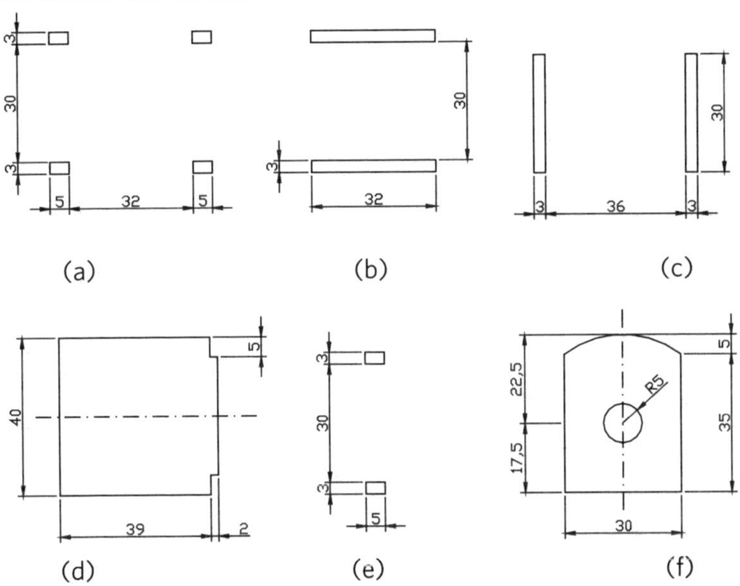

FIGURA 8.3: Desenhos iniciais da cadeira.

Na figura 8.4 é apresentada uma vista explodida da cadeira contendo as correspondências com os desenhos da figura 8.3. Dessa forma, fica fácil analisarmos como é cada desenho que está sendo visualizado através da figura 8.3.

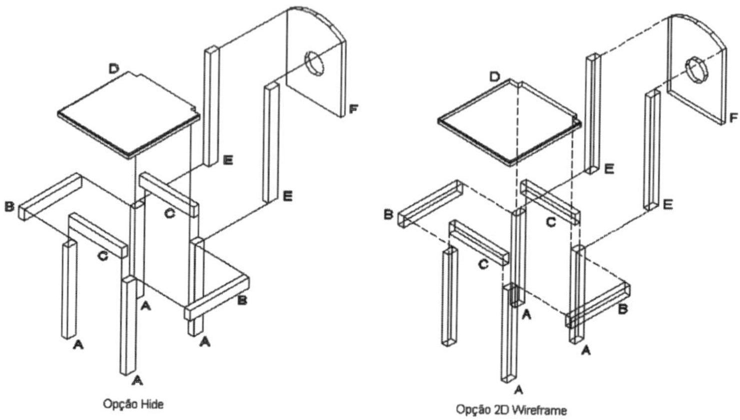

Figura 8.4: Vista explodida da cadeira.

CRIANDO OS SÓLIDOS

Com todos os desenhos da figura 8.3 concluídos, vamos mudar para o ambiente do mundo 3D. Clique em *Workspace switching* e selecione *3D Modeling* (figura 8.2). Em seguida, mude de uma vista plana para uma isométrica selecionando *Southwest Isometric* (figura 8.4).

Agora podemos transformar estes desenhos 2D em sólidos. Primeiramente vamos criar os sólidos da figura 8.5 (a). Para isto, chame o comando *Extrude*, clique sobre os quatros retângulos da figura 8.3 (a) e pressione *Enter.* Digite *43* e pressione *Enter.* O resultado pode ser visto na figura 8.5 (a).

Agora vamos criar os sólidos da figura 8.5 (b). Chame o comando *Extrude,* selecione os desenhos da figura 8.3 (b) e pressione *Enter.* Digite *5* e pressione *Enter* duas vezes. O resultado é apresentado na figura 8.5 (b)

Para os sólidos da figura 8.5 (c), o procedimento é idêntico. Chame o comando *Extrude*, selecione os objetos da figura 8.3 (c) e pressione *Enter*. Digite *5* e pressione *Enter* duas vezes.

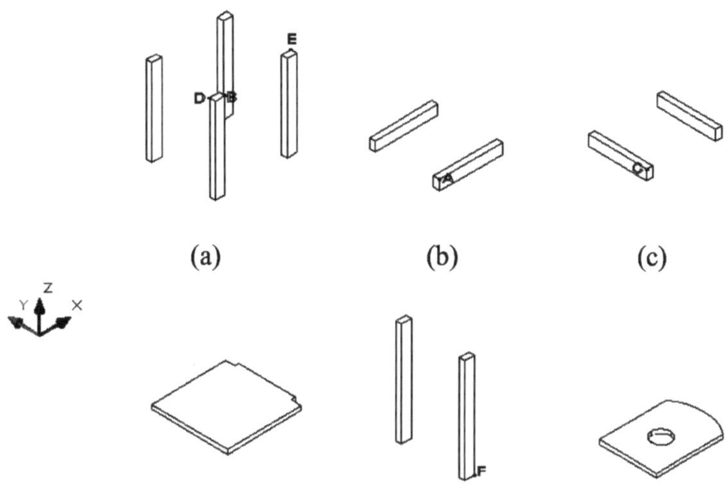

FIGURA 8.5: Sólidos gerados a partir dos elementos da Figura 8.3.

O assento da cadeira será feito através do objeto da figura 8.3 (d). Para isto, chame o comando *Extrude*, clique sobre este objeto e pressione *Enter*. Digite *2* e pressione *Enter*. O resultado pode ser visto na figura 8.5 (d).

Os braços do encosto (figura 8.5 (e)) podem ser feitos da seguinte forma: chame o comando *Extrude*, selecione os dois retângulos da figura 8.3 (e), pressione *Enter*, digite *53* e pressione *Enter* para finalizar.

Por último, temos o encosto da cadeira, ver figura 8.5 (f). Chame o comando *Extrude*, clique sobre os dois objetos da figura 8.3 (f) e pressione *Enter*. Digite *2* e pressione *Enter*.

Caso você tenha feito exatamente como mencionado no parágrafo anterior e mesmo assim não conseguiu extrudar todo o encosto, só conseguiu extrudar o círculo interno dele, pode ficar tranquilo porque isto ocorre muito com os iniciantes em desenhos 3D!

No capítulo 3 - Comandos I – Criar sólidos a partir de objetos 2D, foram apresentados os comandos Polyline e Edit Polyline.

Será através do comando Edit Polyline que resolveremos este pequeno problema, pois o encosto da cadeira precisa ser uma entidade única, ou seja, uma polyline (poli-linha).

Chame o comando *Edit Polyline* e clique sobre uma linha qualquer do encosto ou digite *pedit* e pressione *Enter*.

Em seguida, o AutoCAD pergunta se você deseja transformar o objeto selecionado numa polilinha (*Do you want to turn it into one?* <Y>). Pressione *Enter* para aceitar. Digite *J* (*Join*) e pressione *Enter*. Clique sobre todas as linhas do encosto, inclusive na linha em que você já clicou quando iniciou o comando e no arco que define o encosto. Não clique sobre a circunferência e, em seguida, pressione *Enter* duas vezes para finalizar o comando. Agora temos um único objeto e, desta forma, podemos extrudá-lo.

Para confirmar que deu tudo certo, passe o cursor sobre o encosto e veja se o AutoCAD destaca todo o encosto ou somente a parte na qual você passou o cursor.

Caso ele destaque todo encosto, isso mostra que deu tudo certo, caso contrário, você terá que fazer o comando novamente. Se você repetir o comando e ainda assim o problema persistir, isso pode estar ocorrendo porque os objetos não estão no mesmo plano ou porque as pontas de cada segmento não estão se encontrando no mesmo ponto.

Para resolver, chame o comando *Zoom window* e veja bem de perto cada extremidade. Corte as pontas ou prolongue-as até que fiquem com as pontas unidas. Em seguida, refaça o comando *Edit Polyline.*

Chame novamente o comando *Extrude*, clique sobre o encosto da cadeira e pressione *Enter.* Digite *2* e pressione *Enter.*

Talvez você não tenha percebido a diferença, mas o resultado obtido após a extrusão é diferente do apresentado na figura 8.5 (f). Isto ocorre porque com esta extrusão acabamos fazendo dois sólidos e não um sólido vazado.

Para resolver este problema, vamos usar o comando *Subtract*. Portanto, chame-o, clique sobre o limite externo do encosto (figura 8.5 (f)) e pressione *Enter.* Clique sobre o cilindro do centro do encosto e pressione *Enter.*

Agora sim temos um encosto com um furo no centro.

Não sei se você lembrou, mas nós vimos no item 3.4 e revimos no item 7.2 o comando *Presspull*. Com ele você pode fazer o encosto da cadeira diretamente sem precisar primeiramente extrudar e depois subtrair o cilindro para formar o furo. O procedimento é o mesmo visto no item 7.2.Caso tenha alguma dúvida, volte lá que explicarei novamente para você. Só lembre-se de fazer o contorno do encosto como uma polilinha fechada e, assim que chamar o comando Presspull, movimentar o cursor entre o contorno do encosto e o furo do mesmo até que ambos fiquem com o contorno tracejado. Na sequência, digite o valor 2 e pressione enter. Pronto! O encosto está concluído.

POSICIONANDO OS SÓLIDOS

Com todas essas etapas concluídas, podemos começar a organizar os sólidos para formar a cadeira. Começaremos movendo os elementos da figura 8.5 (b) para 8.5 (a). Para isto, chame o comando *Move* , clique sobre os dois paralelepípedos da figura 8.5 (b) e pressione *Enter.* Clique sobre o ponto *A* (use *Endpoint*), mova o cursor para o ponto *B* e tecle *Enter.* O resultado pode ser visto na figura 8.6 (a).

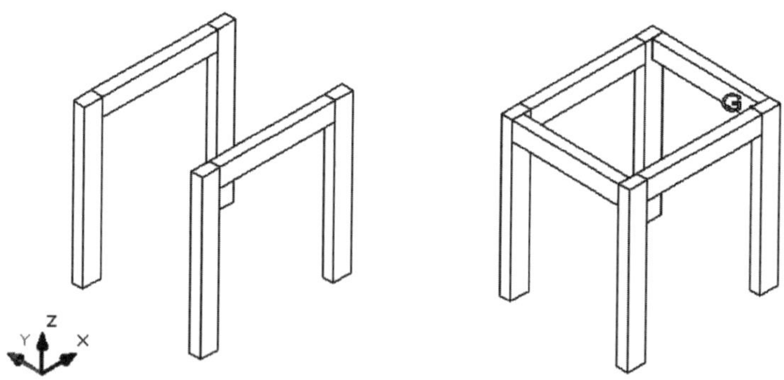

FIGURA 8.6: Montagem dos apoios da cadeira.

Agora vamos mover os objetos da figura 8.5 (c). Chame o comando *Move*, selecione-os e clique no ponto *C*. Mova o cursor para o ponto *D* e clique no botão esquerdo do mouse (use *Endpoint*). Na figura 8.6 (b) você pode ver como ficou.

O próximo passo seria posicionar o assento na cadeira, no entanto, precisamos arredondar as arestas da face superior (figura 8.7).

Para isso usaremos o comando *Fillet* . Portanto, chame-o e clique sobre a aresta da face superior *AB*. Em seguida, digite *0.5* e pressione *Enter* para definir o raio em que serão arredondadas as arestas. Agora clique nas arestas *BC* e *AD* (figura 8.7 (a)) e pressione *Enter*. O resultado é apresentado na figura 8.7 (b).

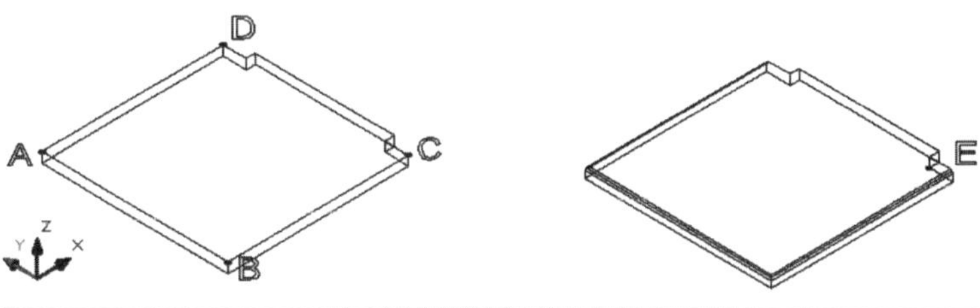

Figura 8.7: Arredondando as arestas da face superior do assento.

Agora podemos mover o assento para o local correto na cadeira. Chame o comando *Move*, clique nos pontos *E* (figura 8.7 (b)) e *G* (figura 8.6 (b)).

O resultado pode ser visto na figura 8.8 (a).

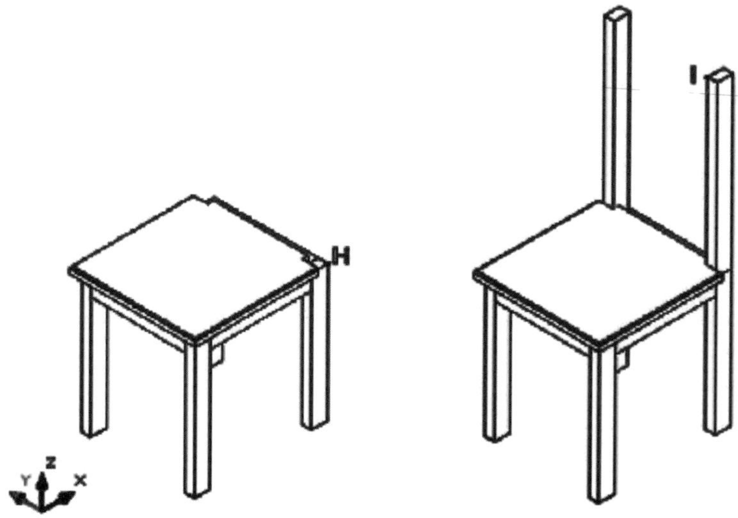

Figura 8.8: Posicionando o assento e o encosto.

Com o assento já posicionado, vamos colocar os apoios do encosto na cadeira. Para isto, chame o comando *Move*, clique sobre os objetos da figura 8.5 (e) e pressione *Enter*. Clique no ponto *F*, em seguida, clique no ponto *H* (figura 8.8 (a)). Desta forma, os apoios do encosto ficarão como apresentados na figura 8.8 (b).

Analisando as figuras 8.1 e 8.2, seria necessário rotacionar os apoios do encosto em 10°. No entanto, isto só será feito após o posicionamento do encosto, pois assim rotacionaremos os apoios e o encosto juntos.

Antes de posicionarmos o encosto, precisamos rotacioná-lo, pois o mesmo foi construído na horizontal. Chame o comando *3D Rotate* , clique sobre o encosto (figura 8.5 (f)) e pressione *Enter*.

Em seguida, é necessário especificar o ponto sobre o qual passará o eixo de rotação, que poderá ser qualquer um. Para facilitar a visualização, clique no ponto *L* (figura 8.9 (a)). Após definir o ponto de rotação, você precisa selecionar o eixo no qual vamos rotacionar o encosto. Para tanto, selecione o eixo *Y*, neste caso clique no anel verde. O valor do ângulo será 90°, logo, digite *90* e pressione *Enter*.

Na figura 8.9 (b) é apresentado o resultado.

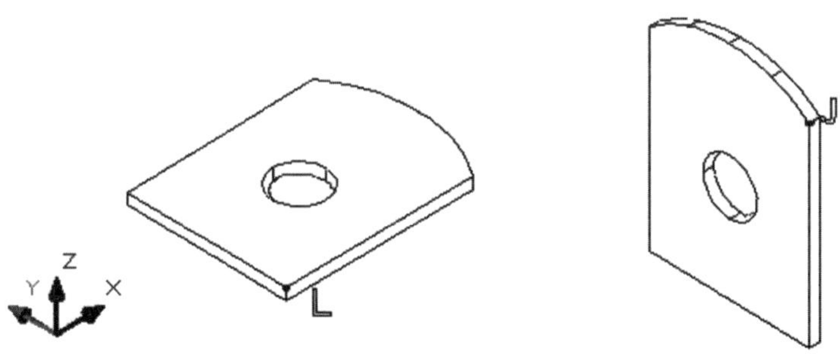

FIGURA 8.9: Rotacionando o encosto.

Com isto, podemos movimentar o encosto para a posição correta. Chame o comando *Move* , clique sobre o encosto (figura 8.9 (b)) e pressione *Enter*.

Clique no ponto *J*, mova o cursor para o ponto *I* e clique novamente conforme a figura 8.8 (b).

O resultado pode ser visto na figura 8.10 (a).

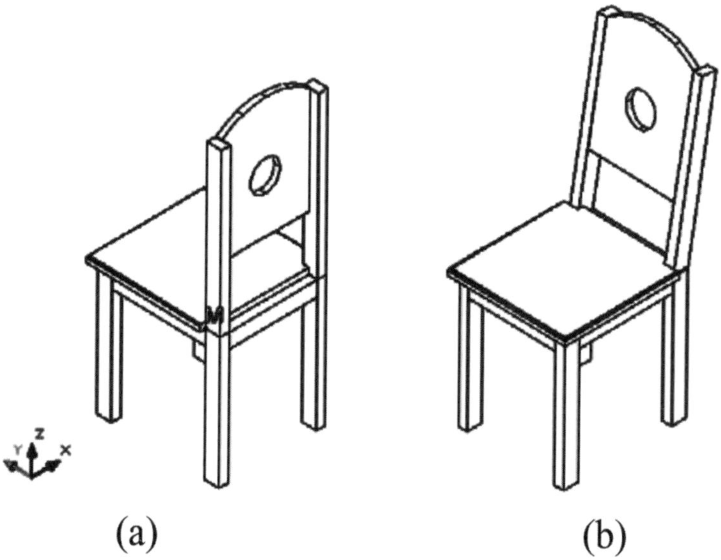

Figura 8.10: Rotacionando os apoios e o encosto.

Agora sim vamos rotacionar os apoios e o encosto da cadeira. Chame o comando *3D Rotate*, clique sobre os apoios e no encosto e pressione *Enter*.

Para não precisarmos fazer nenhum movimento após a rotação dos apoios e encosto, vamos definir o eixo de rotação passando pelo ponto *M* (figura 8.10 (a)), onde a cadeira foi girada em -90° no eixo *Z* somente para facilitar a visualização do ponto. Por isto, clique no ponto *M*.

Em seguida, precisamos definir o eixo de rotação.Neste caso, como a cadeira foi rotacionada em -90° no eixo *Z*, selecionaremos o eixo *X*. Logo, clique no anel vermelho. O valor do ângulo é 10°, e como o giro está no sentido positivo de rotação simplesmente digite *10* e pressione *Enter*.

O resultado pode ser visto na figura 8.10(b).

Talvez você esteja pensando que finalmente acabou. Não, ainda falta um pequeno detalhe que pode passar despercebido por muitos. Observe que no local onde foi definido o centro de rotação dos apoios e do encosto ficou uma superposição dos apoios com os pés da cadeira. Para resolver isto, podemos unir o pé da cadeira com o apoio. Então, chame o comando *Union*, clique sobre o apoio direito do encosto e no pé traseiro direito da cadeira, em seguida, pressione *Enter*.

Para repetir o procedimento para o outro lado, chame o comando *Union*, clique sobre o apoio esquerdo no pé traseiro esquerdo e pressione *Enter*. Com mais esta etapa, a cadeira está conforme apresentada na figura 8.1.

IMPRIMIR (PLOTAR) AS TRÊS VISTAS PRINCIPAIS

Após todo este trabalho, muitos devem estar se perguntando: como fazer para imprimir (plotar) as principais vistas da cadeira?

Antes de aprendermos como imprimir (figura 8.13), é necessário que todos saibam o que é e como trabalhar com *Viewports*.

Caso você tenha alguma dúvida sobre Viewports, no capítulo 10 (Layout e Viewports/Paper Space/Plot), do livro "***Aprendendo AutoCAD 2015 - Simples e Rápido***", há uma explicação bem detalhada.

Além disso, você pode retornar ao capítulo 1 e ler um breve comentário sobre o assunto.

Então, clique em *Layout1* (localizado na barra de ferramentas no canto inferior esquerdo), Em seguida, aparecerá uma área com o desenho da cadeira. Essa área representa a folha que será impressa. Antes de continuar, configure as propriedades necessárias para o plotter ou impressora. Uma forma prática de fazer isso é você clicar em Plot . Na janela *Plot - Layout1*, especifique a impressora que você pretende usar, a folha e a escala. Neste exemplo foi definida a impressora "DWG To PDF.pd3", folha A3 e escala 1:1. Assim que definir, clique em *Apply to layout* para que as configurações sejam confirmadas. Em seguida, cliquem em Cancel. Não se preocupe, você não está cancelando tudo o que fez. Você só está fechando a janela *Plot - Layout1.* Todas as suas alterações já foram salvas.

O próximo passo é excluir o *Viewport* que está aparecendo na página configurada. Desta forma, a janela e o desenho não aparecem mais.

Antes de inserir novamente o desenho, vamos fazer as margens da folha, bem como a legenda. Logo, desenhe as margens e a legenda da folha A3 (figura 8.11).

Caso você queira imprimir as três vistas principais da cadeira, mais a perspectiva, será necessário usar quatro *Viewports*, um para cada vista.

Para tanto, observe que quando você entrou no Layout1 apareceu uma guia chamada *Layout* (fica no canto superior direito). Clique na guia Layout e, em seguida, em *Named* , no painel *Layout Viewports*. Automaticamente aparecerá a *Caixa de diálogo Viewports*, a qual você poderá ver na figura 1.9. Caso tenha alguma dúvida do seu funcionamento, volte no capítulo 1 que eu explicarei novamente. Na aba *New Viewports* da janela *Viewports*, selecione *Four: Equal* (permite criar quatro viewport automaticamente).

Usando esta opção, será preciso definir o tamanho do retângulo total que envolve os quatro *Viewports*, pois este retângulo será dividido em quatro partes iguais, sendo cada parte um *Viewport*. Portanto, clique no canto superior esquerdo da folha (dentro da margem) e próximo ao início da legenda (figura 8.11).

Lembre-se de criar um *layer* específico para os *Viewports*, pois este *layer* precisará ficar "apagado"  para não aparecer na impressão.

O resultado deverá ser como o apresentado na figura 8.11.

Figura 8.11: Inserindo Viewports.

A vista que aparecerá nos Viewports dependerá da vista que você está usando no Model Space.

Neste caso, a vista que estávamos usando era a Southwest Isometric. Lembre-se de que, quando estávamos rotacionando o encosto da cadeira, ela foi girada em -90 para visualizarmos melhor o ponto de giro. Neste caso, ela foi rotacionada novamen-te em 90 para retornar à posição inicial. No caso de você selecionar Southwest Isometrice a cadeira estiver aparecendo em um ponto de vista diferente do visualizado na figura 8.11, deve ser devido a isto.

Agora vamos definir para cada *Viewport* as vistas que desejamos. Para isto, clique duas vezes bem rápido dentro do *Viewport* inferior esquerdo (ou use o comando via teclado *mspace* e depois clique dentro do *Viewport* desejado), Com isto, o *Viewports* mudou a espessura das linhas que o limitam.

Para alterar a vista para uma vista superior, selecione *Top* no Painel *View*, da Guia *Home*.

O resultado ficará conforme é apresentado na figura 8.12.

Veja no capítulo 1 - figura 1.4 - como acessar o comando **Top**.

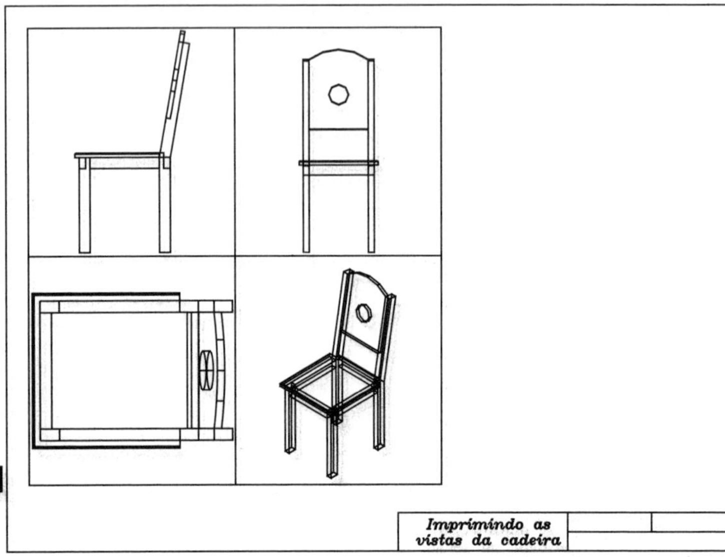

Figura 8.12: Definindo as vistas.

Agora vamos definir a vista frontal. Para tanto, clique dentro do *Viewport* superior esquerdo. Para confirmar se você está no *Viewport* desejado, observe se o contorno do *Viewport* está com uma espessura maior que o dos demais *Viewports*. Clique em *Front*  no Painel *View*, da Guia *Home*.

O resultado ficará conforme é apresentado na figura 8.12.

Mude para para o *Viewport* superior direito, clique *Left*  no Painel *View*, da Guia *Home*.

O resultado pode-se ver na figura 8.12.

Caso, antes de inserir os *Viewports*, você já esteja trabalhando com a vista isométrica (caso deste livro), automaticamente o *Viewport* fornece a vista isométrica. No entanto, se não for este o caso, para visualizar a perspectiva, clique em  no Painel *View*, da Guia *Home*.

Na figura 8.12 podemos conferir os resultados.

Como os *Viewports* já estão com as respectivas vistas, podemos especificar as escalas para impressão. Neste caso, todas as vistas possuem as mesmas escalas (1:10), por isto, o procedimento será igual para todos.

Clique num *Viewport*, digite *Z* (*Zoom*) e pressione *Enter*. Digite *10/10xp* e pressione *Enter*.

Para centralizar o desenho no *Viewport*, use o comando *Pan* . Clique em cada *Viewport* e repita o mesmo procedimento.

Na figura 8.13 todos os *Viewports* já estão em escala. Caso você tenha alguma dificuldade para entender como funciona o comando que acabamos de usar, veja no livro "Aprendendo AutoCAD 2015 - Simples e Rápido" a explicação para este comando.

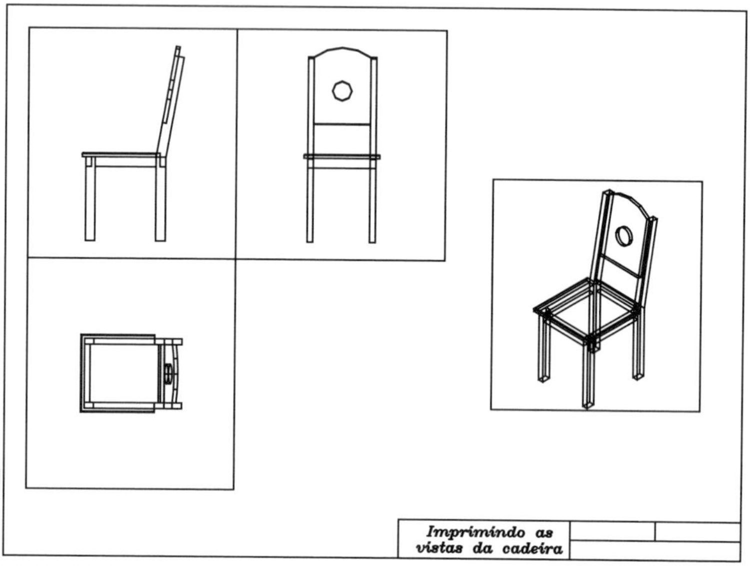

Figura 8.13: Organização dos Viewports.

Conforme pode ser visto na figura 8.12, os desenhos não estão devidamente posicionados na folha.

Na figura 8.13 é apresentada uma forma de organização dos desenhos dentro da folha. Neste caso, foi preciso somente movimentar o *Viewport* da perspectiva. Para fazer isto, antes é preciso sair da opção *Model*, portanto clique duas vezes rapidamente em qualquer campo fora dos *Viewports* ou digite *pspace* e pressione *Enter*. Agora, chame o comando *Move*, clique sobre o *Viewport* que deseja movimentar, pressione *Enter* e clique na nova posição.

Caso mandássemos imprimir agora, o resultado seria como pode ser visto na figura 8.13. Além de aparecerem as linhas dos *Viewports*, as linhas ocultas (não aparecem numa perspectiva e nas vistas) seriam impressas.

Para resolver isto, clique sobre os limites dos *Viewports*. Aparecerá a caixa de diálogo *Quick Properties* (figura 8.14 (a)), se você estiver com a opção *Quick Properties* ativa. Se não estiver ativa, use o comando *Properties* clicando em  no Painel *Palettes* da Guia *View* que aparecerá a figura 8.14(c).

Neste caso, o que nos interessa é a opção: *Shade plot*. Clique no campo *Shade plot > Hidden* (figura 8.14(b)).

Para fechar a caixa de diálogo, pressione a tecla *Esc*.

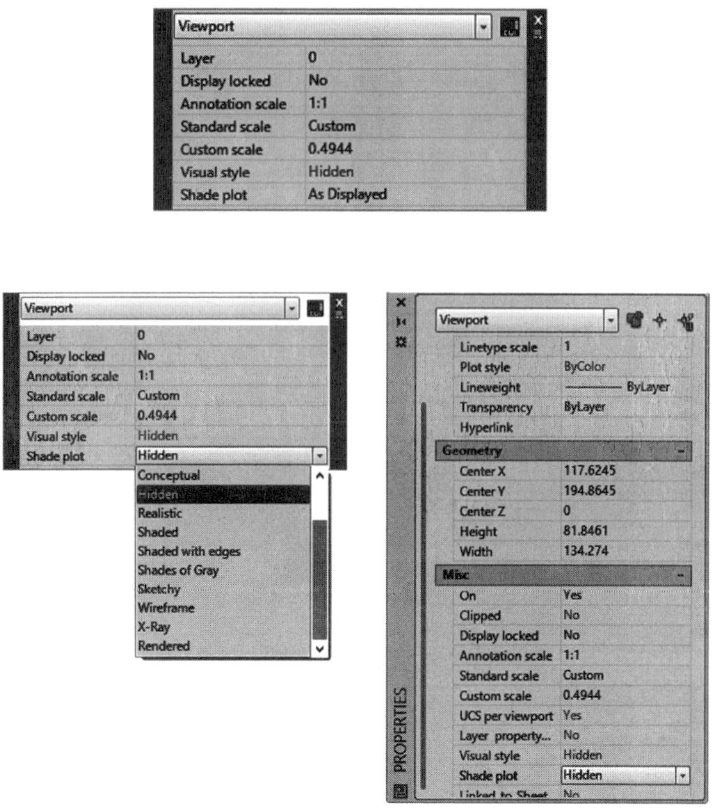

FIGURA 8.14: Ocultando as linhas para impressão - Hide plot (yes).

Quando no campo de propriedades *Shade Plot* estiver aparecendo *As Displayed*, isso significa que será impresso da mesma forma que está aparecendo no *Viewport*. Sendo assim, você pode manter também desta forma e deixar o modo de visualização no *Viewport* como *Hidden* .

Para finalizar, temos que ter o cuidado das linhas dos *Viewports* não aparecerem na impressão. Para tanto, é necessário deixar o *Layer,* no qual os *Viewports* foram inseridos, invisível. Neste caso, o *layer* usado foi o *Vp*, por isto, clique sobre a lâmpada que aparece ao lado do *layer* (figura 8.15).

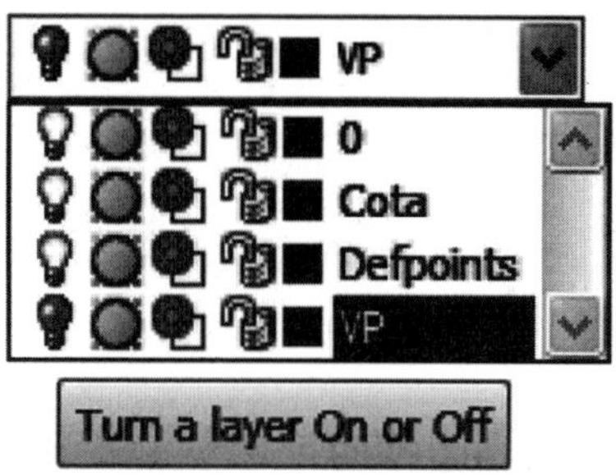

Figura 8.15: Deixar as linhas dos Viewports invisíveis.

Feito tudo isto, o arquivo já está pronto para ser impresso. Agora é só mandar plotar em uma escala 1:1 que o resultado será como se pode ser visto figura 8.16.

FIGURA 8.16: Resultado final para impressão.

Capítulo 9

DIMENSIONAR E IMPRIMIR OBJETOS EM 3D

Normalmente uma das grandes dificuldades que os iniciantes em 3D do AutoCAD apresentam é de como conseguir dimensionar as vistas dos sólidos. Neste capítulo veremos um modo bem simples para se fazer isto.

Para facilitar o entendimento deste assunto, vamos explicar como funciona o dimensionamento das vistas através de um exemplo, usando a cadeira construída no Tutorial - Cadeira 3D.

> Para dar sequência à leitura do livro, é necessário que você tenha domínio de como dimensionar objetos em 2D, ou seja, você precisa saber como usar os comandos de dimensionamento. Caso possua alguma dificuldade sobre o assunto, no livro "Aprendendo AutoCAD 2015 - Simples e Rápido" é dada uma explicação detalhada sobre este comando.

DIMENSIONANDO AS VISTAS

Primeiramente abra o arquivo no qual foi feito a cadeira. Agora, precisamos definir a primeira vista que desejamos cotar. Neste exemplo começaremos pela vista superior. Para definir qual vista desejamos cotar, é necessário simplesmente estarmos no mesmo plano de vista da vista desejada. Portanto, usaremos o plano de vista *Top* , selecione-o no Painel *View*, da Guia *Home*. Caso você ainda esteja no modo *Layout*, volte para o *Model Space* clicando em *Model*, no canto inferior esquerdo da tela do AutoCAD.

Antes de cotar, crie um *layer* específico para as cotas da vista superior, podemos chamá-lo de *Cota superior,* e faça todas as cotas neste *layer*.

Com o *layer* criado especificamente para as cotas desta vista ativa (desta forma tudo o que for feito estará neste *Layer*) e trabalhando no plano de vista *Top* (superior), podemos cotar a cadeira. Talvez você fique surpreso, mas o procedimento daqui para frente você já conhece. É o mesmo utilizado em 2D, por isso, simplesmente dimensione o que você achar necessário na vista superior da cadeira.

Lembre-se de que para cotar você precisa somente definir dois pontos, por isso, para cotar, por exemplo, a largura da cadeira, clique nas duas extremidades do assento da cadeira. Na figura 9.1 é apresentada a vista superior da cadeira com as principais cotas.

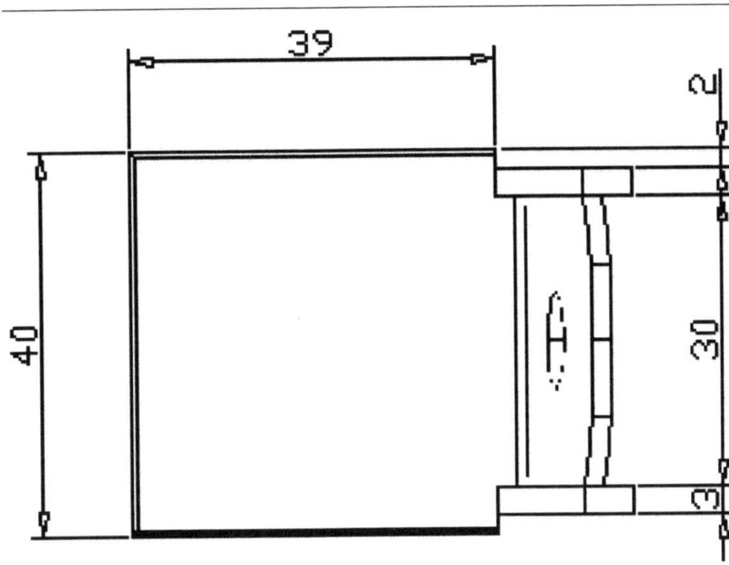

FIGURA 9.1: Vista superior da cadeira cotada.

Após dimensionar a vista superior, vamos dimensionar a vista frontal. Para isto, vamos mudar o plano de vista. Clique em  no Painel *View*, da Guia *Home*. Crie outro *layer* para as cotas desta vista, por exemplo, *Cota frontal* e ative este *layer*. Agora é com você, dimensione a vista da forma que achar melhor. Na figura 9.2 podemos visualizar a vista frontal da cadeira com as principais cotas. Veja que nesta vista há uma cota de ângulo; o procedimento para cotá-la é o mesmo usado em qualquer outra cota de ângulo, ou seja, clique sobre as duas linhas que definem o ângulo e posicione a cota no local desejado.

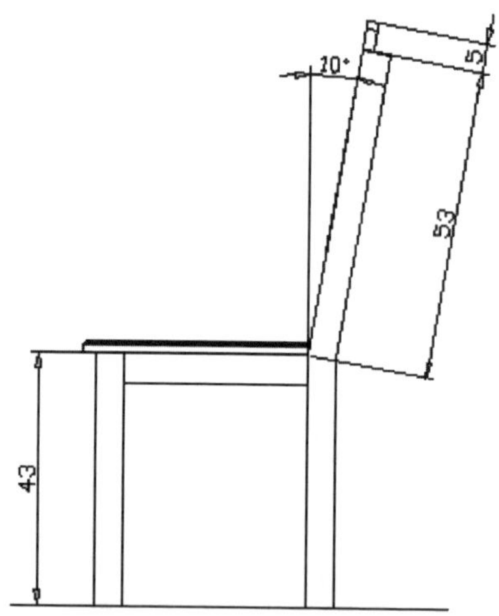

Figura 9.2: Vista frontal da cadeira cotada.

Com as cotas da vista frontal concluída, podemos cotar a vista lateral da mesma. Para isto, clique em  no Painel *View*, da Guia *Home*.

Crie mais um *layer*, o *Cota lateral*, e torne-o ativo. Agora é só cotar a vista lateral.

Na figura 9.3 é apresentada a vista lateral com as principais cotas.

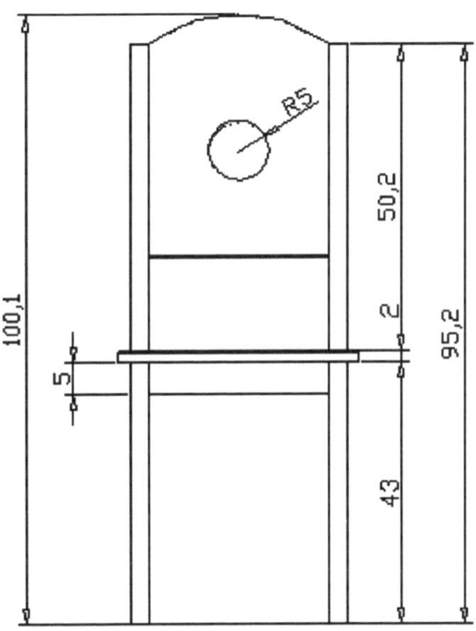

FIGURA 9.3: Vista lateral da cadeira cotada.

Na figura 9.2 há um pequeno detalhe que só é percebido pela maioria das pessoas após a impressão do desenho.

Veja que na base da cadeira há uma linha, que até parece com o desenho do chão no qual supostamente a cadeira estaria apoiada, no entanto, não é isto que ela está representando. Esta "linha", na verdade, representa as cotas da vista superior. Como as cotas foram feitas num plano (superior), quando estamos observando este plano de um ponto de vista paralelo à linha de corte que o define (ou perpendicular à normal do plano), tudo que foi representado nele parece uma linha.

No próximo item será apresentada uma solução para este problema.

IMPRIMINDO AS VISTAS

Vamos supor que eu o convenci de que aquela linha apresentada na figura 9.2 representa todas as cotas feitas na figura 9.1.

E agora, como fazer para que esta linha não apareça na impressão, para que possa ser obtido o resultado apresentado na figura 9.4?

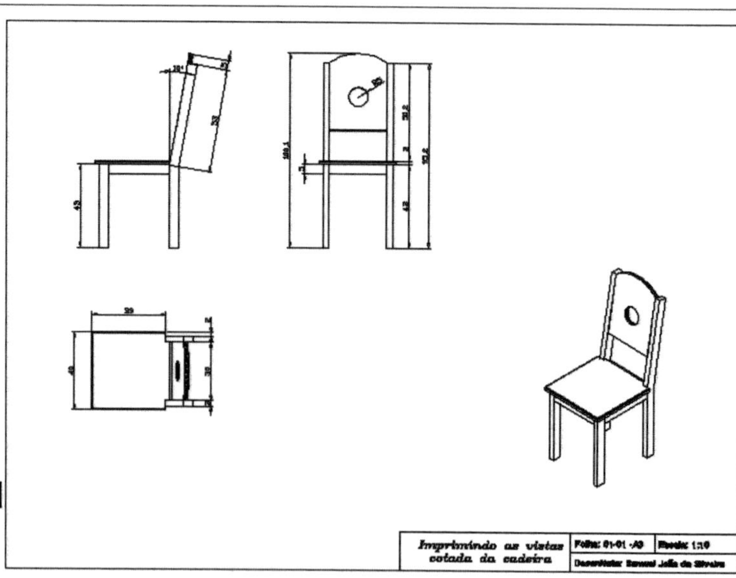

Figura 9.4: Vistas cotadas da cadeira.

Você poderia pensar em apagar a "linha", mas se fizer isto as cotas desaparecerão da figura 9.1. Então, deve haver outra solução.

No item *Imprimir (plotar) as três vistas principais* foi apresentada uma forma de impressão das vistas da cadeira.

Para resolvermos o nosso problema, primeiramente precisamos repetir todos os passos apresentados neste item. Após isto, o resultado a que você deverá chegar é o apresentado na figura 9.5.

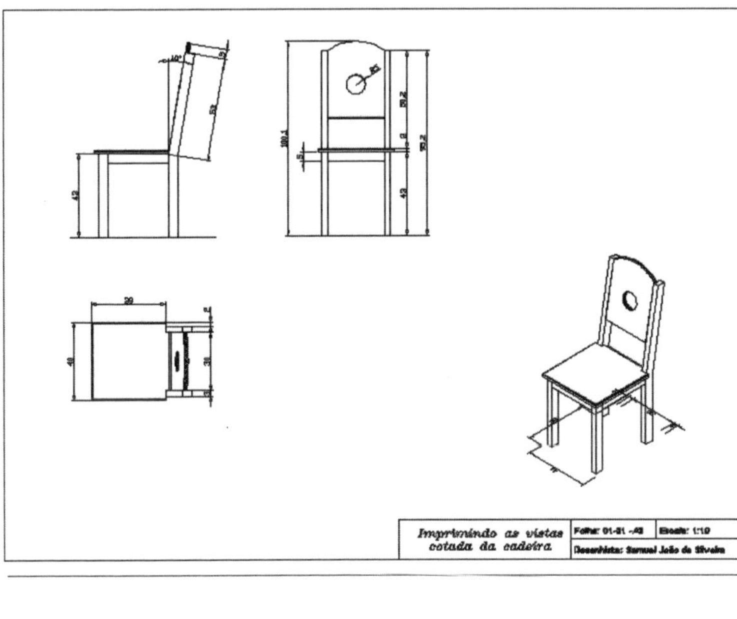

FIGURA 9.5: Resultado da primeira etapa para impressão das vistas cotadas.

Como podemos observar na figura 9.5, as cotas estão aparecendo na vista isométrica da cadeira, além da linha na vista frontal.

Então, finalmente veremos como resolver estes problemas.

Primeiramente ative a opção *Model* clicando duas vezes rapidamente dentro de um *Viewport* ou simplesmente digite *mspace* e pressione *Enter.*

Agora clique dentro do *Viewport* (janela) da vista isométrica, chame o comando *Layer* através da tecla de atalho  ou digite *Layer* e pressione *Enter.* Em seguida, aparecerá a caixa de diálogo *Layer Properties Manager* (figura 9.6).

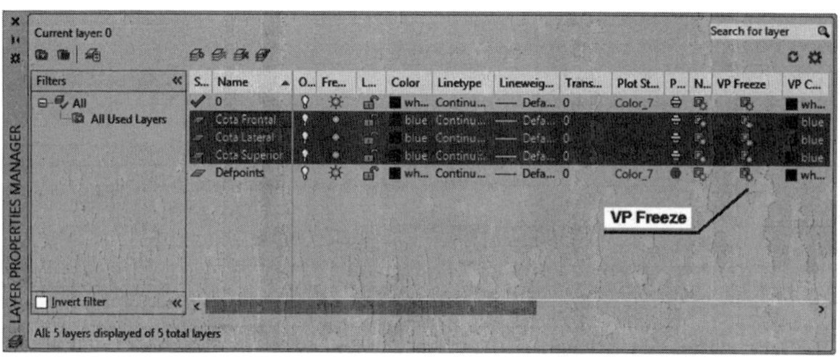

Figura 9.6: Caixa de diálogo Layer properties manager.

Como foi dito no início deste capítulo, era necessário criar um *layer* específico para as cotas de cada vista. Neste caso, foram criados os *layers: Cota frontal, lateral e superior* (figura 9.6).

Provavelmente a caixa de diálogo que deve ter aparecido no seu AutoCAD não tenha tantas opções conforme apresentadas nesta figura. Isto ocorre porque na figura 9.6 foi configurado para que todas as opções estivessem disponibilizadas.

Para tanto, clique com o botão direito do mouse num título qualquer de uma coluna (área cinza) e,em seguida, aparecerá um menu suspenso. Selecione a última opção: *Restore all columns to defaults* e automaticamente aparecerão as demais opções disponíveis.

Selecione os três *LayersCota*, para isso, mantenha a tecla *Ctrl* pressionada e clique sobre os *layers*. Em seguida, clique em *VP Freeze* (figura 9.6) e clique em *Ok*. Esta opção congela o *layer* somente no *Viewport* atual, por isso, ela só está disponível quando você chama o comando *layer* dentro de um *Viewport*.

Automaticamente não aparecerão mais as cotas na perspectiva. Para o caso da vista frontal, o procedimento é praticamente o mesmo. Veja: clique no *Viewport* da vista frontal e chame o comando *Layer*. Novamente aparecerá a caixa de diálogo da figura 9.6. Neste caso, em vez de selecionar os três *LayersCota*, serão selecionados somente os dois layers que não pertencem a esta vista. Portanto, mantenha a tecla *Ctrl* pressionada e clique sobre o *LayerCota lateral* e o *superior*. Em seguida, clique em *VP Freeze* conforme pode ser visto na figura 9.6 e clique em *Ok*.

Vamos fazer o mesmo procedimento para as outras duas vistas. Clique no *Viewport* da vista lateral e chame o comando *Layer.* Mantenha a tecla *Ctrl* pressionada e clique sobre o *LayerCota frontal* e o *superior.* Em seguida, clique em *VP Freeze* e clique em *Ok*.

Para a última vista, clique no *Viewport* da vista superior e chame o comando *Layer.* Com a tecla *Ctrl* pressionada, clique sobre os *layers Cota frontal* e *lateral*. Em seguida, clique em *VP Freeze* e clique em *Ok*. Com isto, podemos imprimir que o resultado será o apresentado na figura 9.4.

Desta forma você poderá usar este comando não só para ocultar as cotas numa vista, mas sempre que você desejar ter dois *Viewports* com o mesmo desenho, sendo que em um deles não aparecerão os desenhos que estão em *layers* diferentes.

Caso você queira que apareça, basta desligar a opção *VP Freezen (View-Port Freezen)*.

Então, para não esqueçer. Tome nota das informações na lousa.
Quando você desejar ocultar parte do desenho em um Viewport e deseja mantê-lo em outro e estes desenhos estão em layers distintos, basta você desligar a opção VP Freezen do respectivo layer.
CAD

Capítulo 10

GERANDO IMAGENS REALISTAS

O processo de geração de imagens realistas é definido no AutoCAD como Render. Para tanto, é necessário que você realize alguns procedimentos antes de usar o comando. É preciso definir qual a composição do material que irá renderizar os objetos, especificar sua iluminação de ambiente, determinar a cena ou a vista que você deseja gerar para que sua imagem fique mais realista, entre outras.

Para deixar mais claro, explicarei separadamente cada procedimento e, por último, faremos um processo completo de renderização.

Na figura 10.1 é apresentada uma parte da Guia Visualize. Nela você encontra uma série de painéis, nos quais veremos algumas funções mais a frente, de acordo com a nossa necessidade.

Figura 10.1: Parte da Guia Visualize.

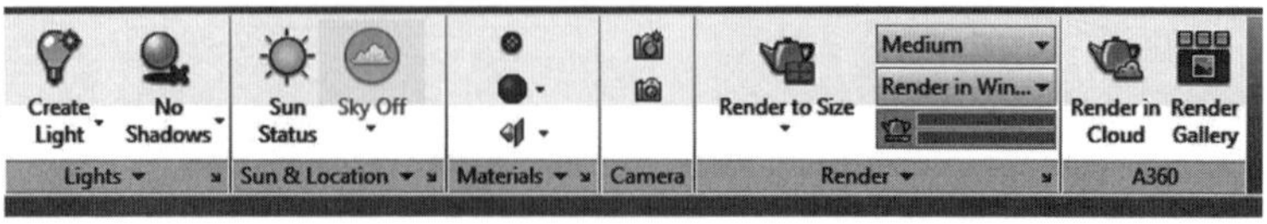

MATERIALS (MATERIAIS)

Com este comando, podemos definir características de materiais aos objetos desenhados implicando numa realidade muito maior aos objetos. Antes de vermos como criar um material, vejamos como aproveitar as centenas de materiais já definidos pelo AutoCAD.

Materials Library (Biblioteca de Materiais)

Você pode acessar a biblioteca padrão de materiais  através do Painel *Materials*, da Guia *Visualize*.

O AutoCAD possui uma biblioteca considerável de materiais armazenados; no entanto, nenhum destes materiais é carregado quando começamos a fazer um desenho. Esse procedimento ocorre para não termos um arquivo muito grande do desenho, já que para cada material é necessário armazenar inúmeras informações. Desta forma, quando desejarmos fazer uma renderização usando um material disponível no AutoCAD, é necessário que importemos o material da biblioteca para o arquivo de desenho no qual estamos trabalhando. Este procedimento é feito de forma automática pelo AutoCAD quando aplicamos um material disponível na biblioteca.

A figura 10.2 apresenta a paleta de materiais, a qual é dividida em duas partes. Na parte superior são apresentados os materiais que estão sendo usados no arquivo atual e na inferior são os materiais disponíveis na biblioteca do AutoCAD.

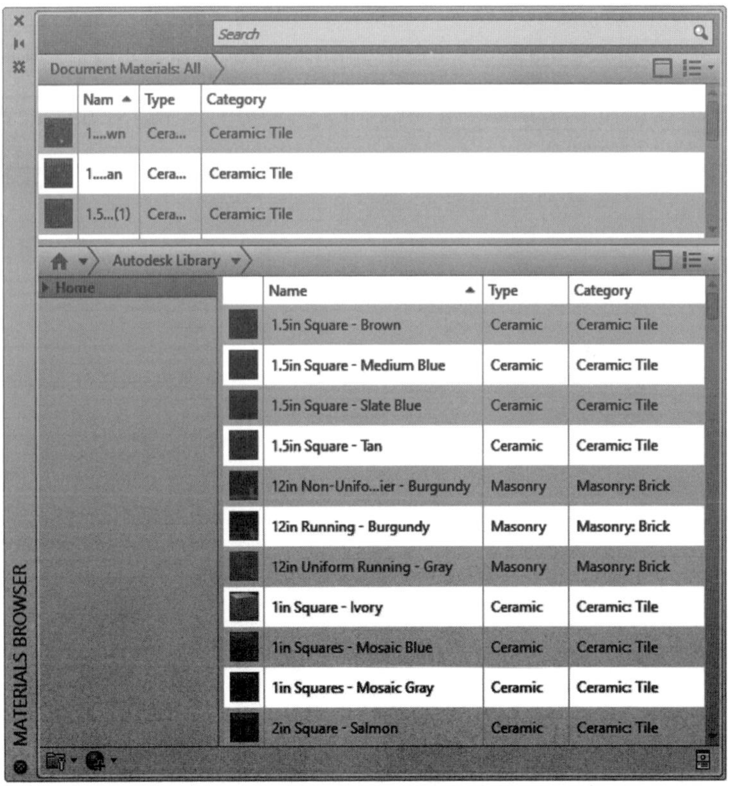

FIGURA 10.2: Materials Browser.

O uso da biblioteca de materiais é relativamente simples, basta você escolher o material desejado, clicar sobre o mesmo com o botão esquerdo e, mantendo-o pressionado, movê-lo até o objeto que deseja atribuir o material. Quando você movimenta o cursor na área de trabalho, ele muda para a forma de um prisma com a característica do material selecionado.

Para facilitar a visualização da aplicação dos materiais, você pode trabalhar no modo de visualização *Realistic*. Desta forma, você conseguirá acompanhar a aplicação de materiais. Caso contrário, assim que você atribuir o material ao objeto, o mesmo manterá a mesma característica de visualização. Uma forma de você alterar o modo de visualização é clicando em *Realistic* na primeira opção do Painel *View*, da Guia *Home*. Se você estiver na Guia *Visualize*, você pode clicar na primeira opção do Painel *Visual Styles*.

A figura 10.3 apresenta a cadeira que criamos renderizada com diversos materiais existentes na paleta de materiais.

Figura 10.3: Cadeira renderizada com diversos materiais.

Materials Editor (Editor de Materiais)

Guia Home → Painel Modeling

Atalho: Materials Setinha em diagonal, no final do Painel *Materials*.

Comando: *mateditoropen*

Assim que você chamar o comando, aparecerá a caixa de diálogo *Materials Editor*. Você poderá vê-la na Figura 10.4.

A Caixa de diálogo *Materials Editor* apresentada na figura 10.4 teve todos os itens expandidos. Por isso, ela ficou relativamente grande. Para você deixar a sua assim também, precisa clicar nos triangulozinhos que aparece ao lado de cada grupo. Esses grupos dependem do tipo de material que você está editando ou criando. No nosso caso estamos observando as propriedades de um objeto genérico com nome Global.

Na parte superior da figura 10.4 você pode ver uma prévia do material que está em edição. Você pode alterar a forma de visualização clicando na seta que aparece logo abaixo à direita da prévia do material. Assim que clicar, aparecerão três itens que podem ser alterados: Scene (altera o tipo de objeto usado na previa, como Cubos, paredes e vaso); Environment (altera o tipo de iluminação do ambiente) e Render Settings (altera a qualidade da previa da renderização).

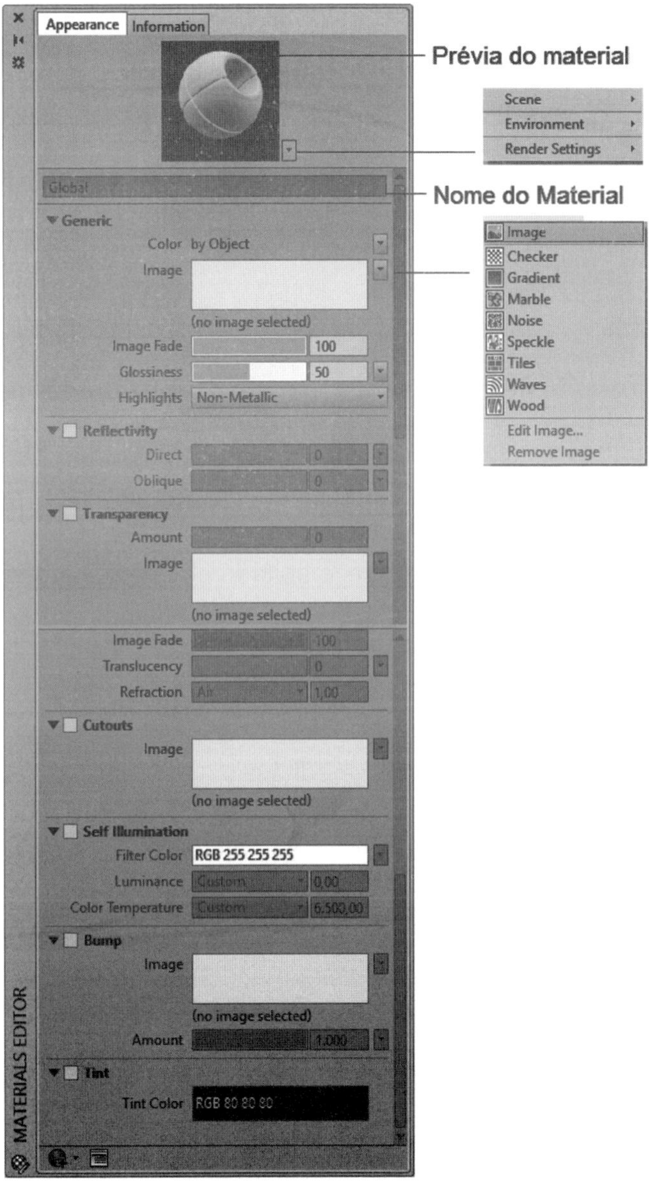

FIGURA 10.4: Caixa de diálogo Materials Editor.

Logo abaixo da prévia temos o nome do material, que neste caso é Global. Os itens que seguem veremos resumidamente a explicação deles. Não daremos muito detalhes porque o nosso objetivo é ensinar como fazer a renderização utilizando materiais existentes e não torná-lo um especialista em edição de materiais.

- **Generic**: permite definir uma imagem como textura para o material e alterar algumas propriedades do mesmo como a cor, o esmaecimento da imagem (um composto entre a cor base e a imagem difusa), o brilho e o realce. Além disso, você pode definir outros padrões de texturas clicando na setinha  que aparece ao lado direito do campo da imagem, conforme ilustrado na figura 10.4.

Para ativar as demais propriedades, você precisa clicar no quadradinho 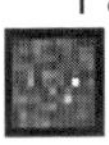 ao lado do nome para que elas fiquem editáveis.

- **Reflectivity**: pode-se definir as propriedades de refletividade do material. Ela reflete a cena na superfície de um objeto com brilho. Recomenda-se o uso de uma resolução mínima de 512 por 480 na imagem de usada em Generic.

- **Transparency**: altera-se as propriedades referentesà transparência. O valor varia de 1,0, o material é totalmente transparente, a 0,0, o material é totalmente opaco. Para se alterar as propriedades de translucidez e Refração, é necessário que o valor de transparência seja maior que 0.

- **Cutouts**: permite definir uma imagem como um mapa para tornar o material parcialmente transparente, deixando-o como se estivesse sido furado. Para tanto, o AutoCAD toma como base uma interpretação de escala de cinza de uma textura, deixando as áreas mais claras opacas e as mais escuras transparentes.
- **Sel Illumination**: aqui você pode definir se o objeto emitirá alguma irradiação de luz ou não. Você poderá simular um neon definindo um valor de irradiação maior do que zero. Para tanto, você precisará definir os valores desejados da cor do filtro em Filter Color, da luminância em Luminance e da temperatura da cor em Color Temperature.
- **Bump**: esse campo permite você definir saliências ou irregularidades no material. Você pode usar uma imagem no mapeamento de saliências ou irregularidades. As áreas mais claras parecerão mais elevadas e as mais escuras mais baixas.
- **Tint**: aqui você pode definir o valor de saturação e matiz da cor misturada com branco.

Exemplo - Material

Como já comentado, o nosso objetivo não é torná-lo um especialista em edição de materiais. Por isso, faremos um exemplo criando um material a partir de um existente no AutoCAD.

O primeiro passo é você abrir o material no editor de materiais. Para isso, você pode proceder da seguinte forma: com a caixa de diálogo *Materials Editor* aberta, clique em *Material browser* na caixa de diálogo *Materials Editor*, conforme indicado na figura 10.4. Você também pode acessar de acordo com o que vimos anteriormente e clicar em materiais através do Painel *Materials*, da Guia *Visualize*. O resultado será a exibição da caixa de diálogo *Materials Browser*, figura 10.2. Assim que abrir, você pode escolher o material que deseja usar como referência e dá dois cliques com o botão esquerdo sobre o mesmo. Na sequência é apresentado as propriedades do material desejado na caixa de diálogo *Materials Editor.*

Você também pode abrir a propriedade do material diretamente do *Material browser* sem estar com a caixa de diálogo *Materials Editor* aberta. Assim que você der dois cliques sobre o nome do material desejado, o AutoCAD abrirá a caixa de diálogo *Materials Editor.*

Para o nosso exemplo, escolhemos a material *Metalic Paint* (possui cor vermelha). Assim que dermos dois cliques no nome do material na caixa de diálogo *Materials Browser*, figura 10.5(a), aparecerá a caixa de diálogo *Materials Editor*, figura 10.5(b), com as propriedades do material *Metalic Paint*.

Nesse exemplo, criaremos outro material com a cor azul. Para tanto, clique em *Add Document & Edit*, logo abaixo na caixa de diálogo *Materials Editor*, veja a figura 10.5(b). Na sequência, as propriedades ficam editáveis, como o nome. Por isso, altere o nome de acordo com o que você desejar. Nesse exemplo adicionaremos o azul no final. Na sequência, clique na cor vermelha e selecione o tom de azul que desejar. Assim que concluir a escolha da cor, observe na caixa de diálogo *Materials Browser*, figura 10.5(a), parte superior, que o material já foi criado e todas as alterações ocorrem automaticamente. Pronto, você já pode fechar a caixa de diálogo *Materials Editor* e usar o material criado.

(a)

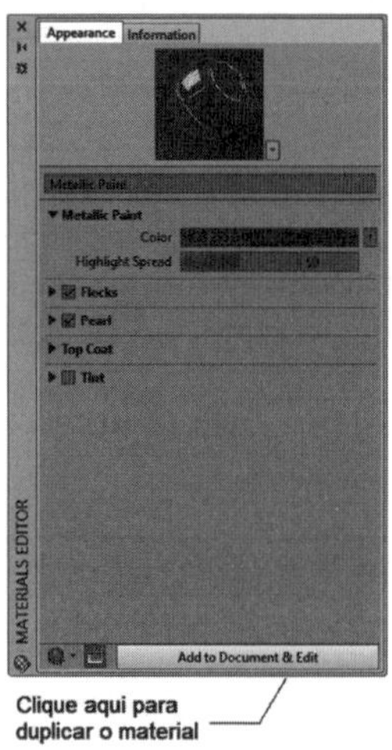

(b)

FIGURA 10.5: Caixa de diálogo Materials Broeser e Editor.

LIGHTS (LUZES)

Aqui você verá como aplicar uma luz para criar efeitos de iluminação e sombra. A figura 10.6 apresenta os comandos que veremos neste item. Eles ficam nos painéis *Lights* e no *Sun & Location*, na guia *Visualize*.

O AutoCAD mantém como padrão uma luz ambiente ligada. Para que você possa tirar proveito da luz criada, você precisará desligar esta luz ambiente. Uma forma rápida de fazer é clicando no comando *Default Lighting* . Para tanto, clique na setinha ▾ que aparece ao lado do nome do Painel Lights que aparecerá outras opções, conforme você pode ver na figura 10.6, sendo a primeira delas a *Default Lighting*.

O AutoCAD permite criar diversos tipos de iluminação e analisaremos os seus funcionamentos. Desde a versão 2016 do AutoCAD, as luzes são calculadas como luzes fotométricas. Assim é possível definir com maior precisão a iluminação, ficando mais parecida possível com o que temos em nossas casas. Além disso, é possível importar arquivos fotométricos disponibilizados pelos próprios fabricantes de luminárias.

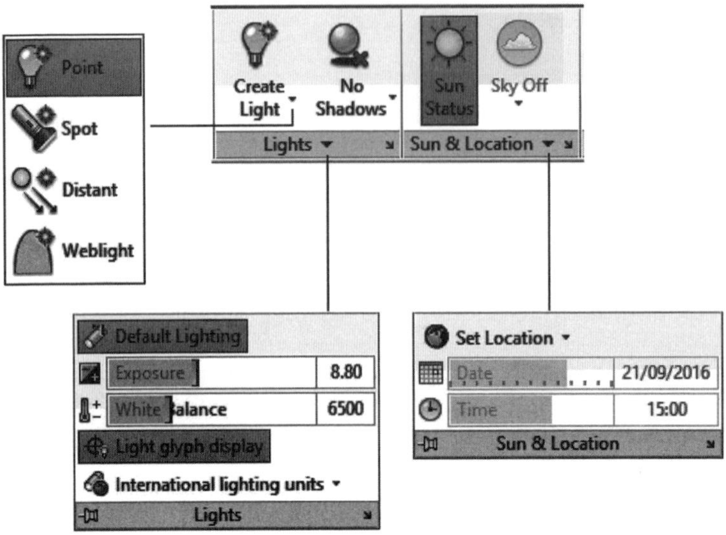

FIGURA 10.6: Ribbon Visualize ÷ Lights e Sun & Location.

Point Light (Luz Pontual)

Guia Visualize → Painel Lights

Atalho:

Comando: *pointlight*

Cria uma luz puntiforme que é emitida a partir de um ponto para todas as direções. Funciona como uma lâmpada elétrica sem refletor.

Procedimento: chame a função, o AutoCAD automaticamente solicitará que seja especificado o ponto no qual você deseja colocar a luz. Em seguida, você poderá escolher uma das opções apresentadas pelo AutoCAD (figura 10.7) ou, simplesmente, pressionar *Enter* para finalizar o comando que a Luz é criada. Depois de criada, você também poderá variar a distância dela ao objeto que você está iluminando. Para tanto, basta você usar o comando *Move* e arrastá-la para uma nova posição.

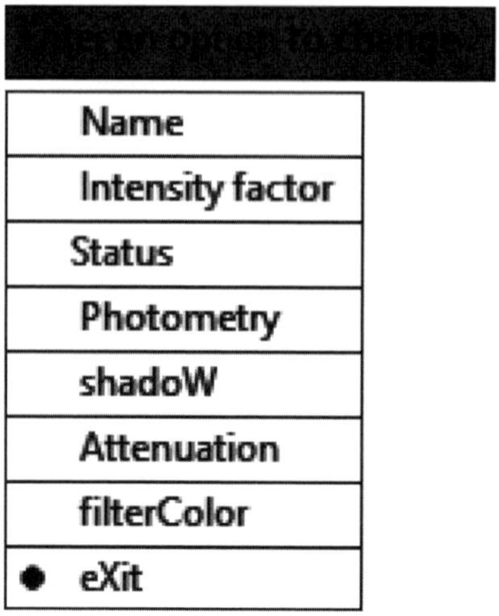

Figura 10.7: Menu suspenso Point Light.

Vejamos uma breve explicação de cada item do menu suspenso da Point Light:

- **Name**: permite especificar o nome da luz com até 256 caracteres.
- **Intensity fator**: permite definir um fator de intensidade da luz, variando-se de 0 a 1.
- **Status**: ativa ou desativa a luz, ou seja, liga ou desliga a luz. Se a iluminação estiver desativada, a mesma não terá efeito na cena.
- **Photometry**: aqui você define a intensidade de luminosidade da luz. Você poderá definir especificando-se uma intensidade de iluminação ou de cor. A intensidade de luminosidade você poderá especificá-la

usando a intensidade de iluminação entrando com um valor em candelas (Cd - é a unidade SI da intensidade luminosa, percebida por uma potência emitida por uma fonte de luz em uma determinada direção), poderá usar o valor do fluxo luminoso (Lm – Lumen) ou ainda através da Iluminância, em lux (lux é a unidade de iluminância que é lm/m^2). Você poderá especificar também a intensidade de luminosidade através da cor em Kelvin.

- **Shadow**: permite definir algumas propriedades da sombra, tais como desligá-la (off), Sharp (exibe sombras com arestas intensas), *Soft Mapped* (exibe sombras realistas com arestas suaves) e Soft Sampled (exibe sombras realistas com sombras mais suaves).
- **Attenuation**: esta função define como a luz diminui em função da distância. Quanto mais distante da luz, mais escuro fica. Assim que clicar, aparecerão algumas opções, são elas: *Attenuation Type* você pode especificar que não tem atenuação, ou seja, a luz mantém a mesma intensidade com a distância ou pode usar a opção *Inverse linear*, define que a luz diminuirá com o inverso linear da distância do ponto à luz ou ainda pode escolher o *Inverse Squared*, na qual a luz diminuirá com o inverso ao quadrado da distância do ponto à luz; *Use limits*, permite você ativar ou desativar os limites de atenuação selecionando entre *On* (ligado) e *Off* (desligado); *Attenuation Start Limit*, permite definir um ponto inicial da atenuação da iluminação, o valor padrão é 0;

Attenuation Start Limit, permite definir um limite final da atenuação, no qual a partir do ponto especificado a luz não tem mais claridade.

- **Filter Color**: controla a cor da luz. Você poderá definir a cor através do formato R, G, B (vermelho, verde, azul); através de um índice de cor padrão do AutoCAD usando números de 0 à 255; através do modelo HSL (matiz, saturação, luminosidade) ou através de um livro de cores, caso você tenha algum.

Exemplo - Point light

Na figura 10.8 (b) é apresentado um exemplo de uma renderização com uma iluminação *Point light*. A localização da iluminação pode ser observada na figura 10.8 (a).

Primeiro, posicione a cadeira da forma apresentada na figura 10.8 (a), chame o comando *Point light*  . O AutoCAD automaticamente solicitará o ponto no qual você pretende posicionar a iluminação. Neste caso, clique no centro do furo do encosto da cadeira. Para concluir é só pressionar *Enter*.

Caso deseje especificar um nome para a iluminação, antes de concluir, clique na opção *Name* no menu suspenso que aparecerá e onde se define o ponto, ou digite *n* e pressione *Enter*. Em seguida, é só especificar o nome desejado e pressionar *Enter* duas vezes para encerrar o comando.

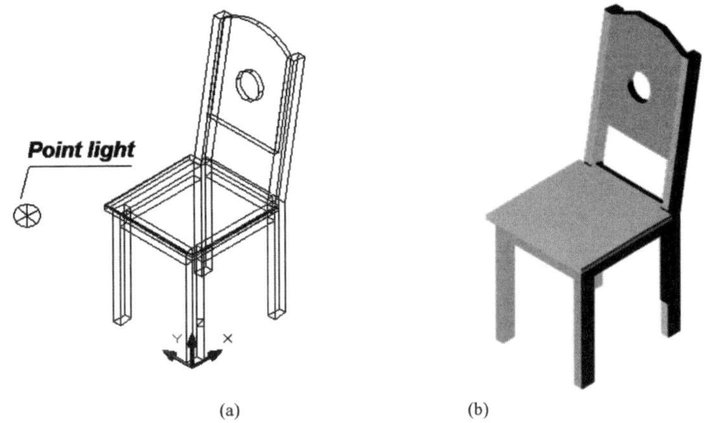

Figura 10.8: Cadeira renderizada usando Point light.

Na sequência, movemos o ponto de iluminação para frente da cadeira 100 cm. Para tanto, chame o comando *Move*, clique sobre o símbolo da iluminação  e pressione *enter*. Em seguida, movimente 100 cm para frente da cadeira, para tanto, com a função Orth ligada, movimente o cursor para frente da cadeira, digite 100 e pressione *enter*.

O resultado da iluminação só é visto quando se manda renderizar. Ainda neste capítulo veremos como fazer isso.

Spot light (Luz Direcional)

Guia Visualize → Painel Lights

Atalho: 

Comando: *spotlight*

A luz é emitida no formato de um cone para uma direção específica, como se fosse uma lanterna.

O procedimento de inserção de uma *Spot light* é similar ao *Point light*, com uma diferença. No *Point light,* você define somente o ponto de inserção da lâmpada, já no *Spot light*, você precisa definir, também, o ponto do foco da lâmpada.

Procedimento: chame o comando, clique no ponto desejado para o posicionamento da lâmpada, depois clique no segundo ponto para definir o ponto de alvo da luz. Pronto, é só pressionar *Enter* para finalizar ou personalizar a luz de acordo com as opções no menu suspenso que aparece assim que você define os dois pontos da luz, veja a figura 10.9.

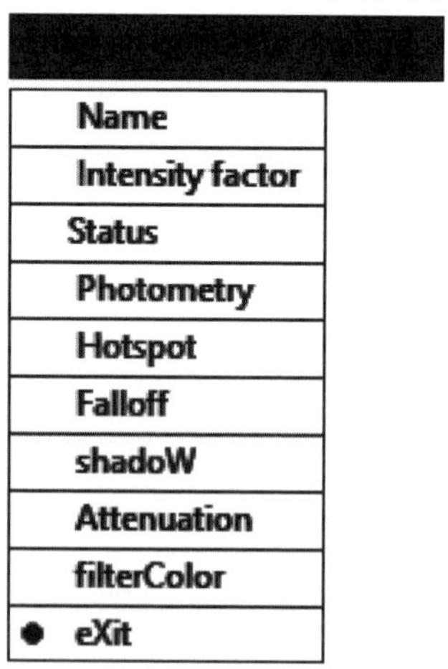

Figura 10.9: Menu suspenso Spot Light.

Vejamos uma breve explicação de cada item do menu suspenso da Point Light, porém para aqueles que forem iguais ao da *Point light* só faremos a citação de que é igual:

- **Name**: ver *Point light*.
- **Intensity fator**: ver *Point light*.
- **Status**: ver *Point light*.
- **Photometry**: ver *Point light*.
- **Hotspot**: aqui você define o ângulo do cone de luz com mais brilho. Você pode definir o valor entre 0 e 160 graus, mas deverá
- **Falloff**: permite que você defina o ângulo do cone total de luz ou ângulo de campo ou seja, define o ângulo de transição entre Hostspot e a ausência total da luz. Você também pode definir o valor entre 0 e 160 graus. O valor padrão usado pelo AutoCAD é 50°.
- **Shadow**: ver *Point light*.
- **Attenuation**: ver *Point light*.
- **Filter Color**: ver *Point light*.

Exemplo - Spot light

Vejamos como inserir uma iluminação tipo Spot. Chame o comando, clique num ponto para definir o centro da iluminação. Neste caso, o ponto foi cerca de 100 unidades acima da cadeira (eixo Z) e umas 150 unidades (eixo x) afastada da frente. Em seguida, é preciso definir o ponto do foco da iluminação. Para facilitar, clique num ponto na cadeira. Neste exemplo, foi clicado no ponto indicado na figura 10.10 (a).

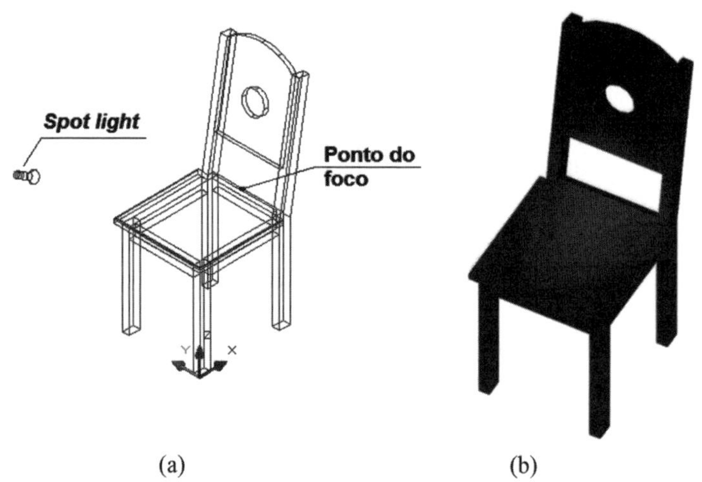

10.10: Cadeira renderizada usando Spot light.

Você verá como ficou a iluminação assim que aprendermos como renderizar. Caso o resultado não seja igual ao apresentado, provavelmente isto ocorreu devido às configurações de iluminação inseridas que foram alteradas.

Para você checar as propriedades da iluminação inserida, abra o *Properties* (basta digitar pr e pressionar enter), depois selecione o ponto de luz que você criou. O resultado é apresentado na figura 10.11.

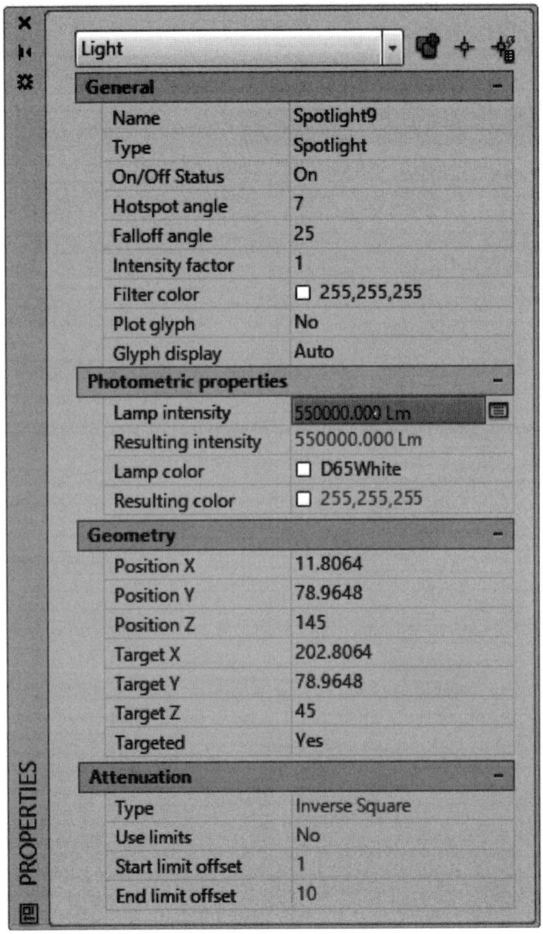

Figura 10.11: Properties - Spot light.

Observe que foram alterados os ângulos do *Hotspot* e do *Falloff*. Além disto, foi alterada a intensidade da iluminação, *Lamp intensity*.

Distant Light (Luz Distante ou Paralela)

Guia Visualize → Painel Lights

Atalho: 

Comando: *distantlight.*

É uma luz que emite raios paralelos e uniformes em um único sentido. Neste tipo de iluminação, a intensidade da luz não varia com a distância. Por isso, quando se insere uma *Distant light e* o sistema de unidades não é o genérico (0), aparece a caixa de diálogo apresentada na figura 10.12.

Para você manter o sistema de unidades atual, basta clicar na segunda opção *(Allow distant lights).* Se você quiser alterar para o sistema de unidade genérico, clique na primeira opção *(Disable distant lights when the lighting units is photometric).* No nosso exemplo, clicaremos na segunda opção, já que o sistema de unidade genérico não existe mais no AutoCAD 2017. Se você clicar na primeira opção, o comando é encerrado. Por isso, você pode ativar a opção que aparece no canto inferior esquerdo da figura 10.12, *Always allow distant lights.*

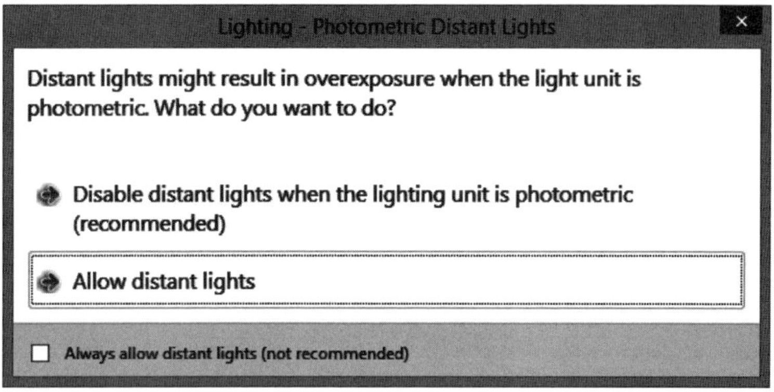

Figura 10.12: Caixa de diálogo Lighting - Photometric Distant Lights.

Procedimento: chame o comando, clique no ponto desejado para o posicionamento da lâmpada e depois no segundo ponto para definir a direção da luz. Pronto, basta pressionar *Enter* para finalizar ou personalizar a luz de acordo com as opções no menu suspenso que aparece assim que você define os dois pontos da luz, veja a figura 10.13.

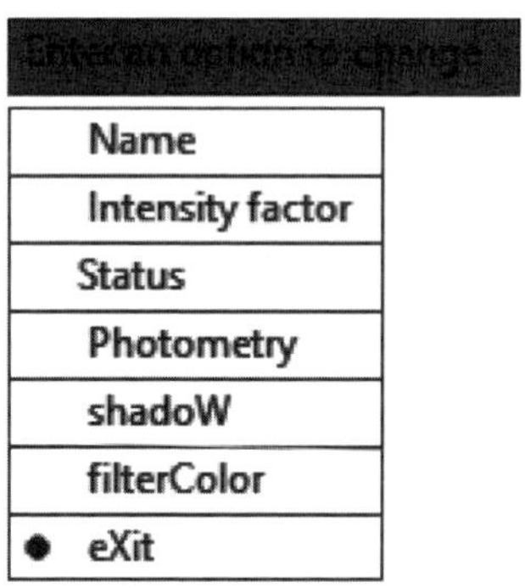

Figura 10.13: Menu suspenso Distant Light.

Observe atentamente a figura 10.13 e verá que todos os itens constante no menu suspenso da *Distant Light* já foram descritos na Point Light. Sendo assim, se você tiver alguma dúvida, dê uma olhadinha lá.

Ao contrário dos outros dois tipos de iluminação apresentados, a *Distant light* não cria nenhum ícone para que possamos selecioná-lo. Porém, mostrarei uma forma de visualizar todas as luzes criadas. Para tanto, basta você clicar na setinha  que aparece ao lado do nome do Painel *Lights.* Automaticamente aparecerá o painel *Lights Model*, figura 10.14, mostrando todas as luzes criadas.

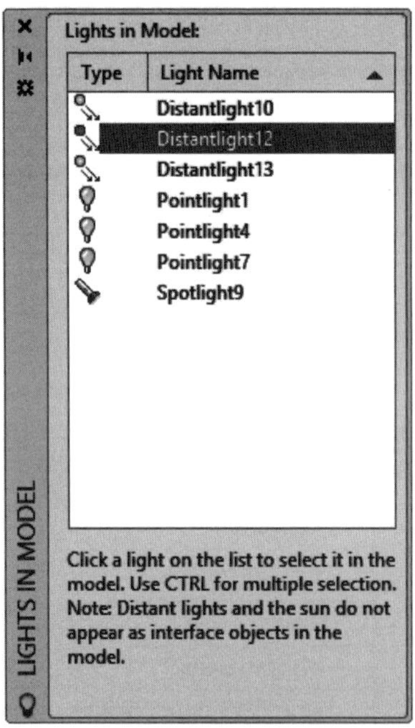

Figura 10.14: Caixa de diáologo Lights Model.

Você pode clicar sobre o nome de uma iluminação e deletar simplesmente clicando em Del (delete) no teclado. Para chegar às propriedades da luz criada, você pode dar dois cliques rápidos sobre o nome da luz ou clicar com o botão direito do mouse sobre o nome e selecionar, no menu suspenso,

Properties. A caixa *Properties* poderá abrir abaixo da caixa já aberta *Lights in Model*. Neste caso, feche a caixa *Lights in Model*.

A figura 10.15 apresenta a caixa de diálogo *Properties* para uma iluminação *Distant Lights*. Suas propriedades são similares às já apresentadas para as iluminações anteriores.

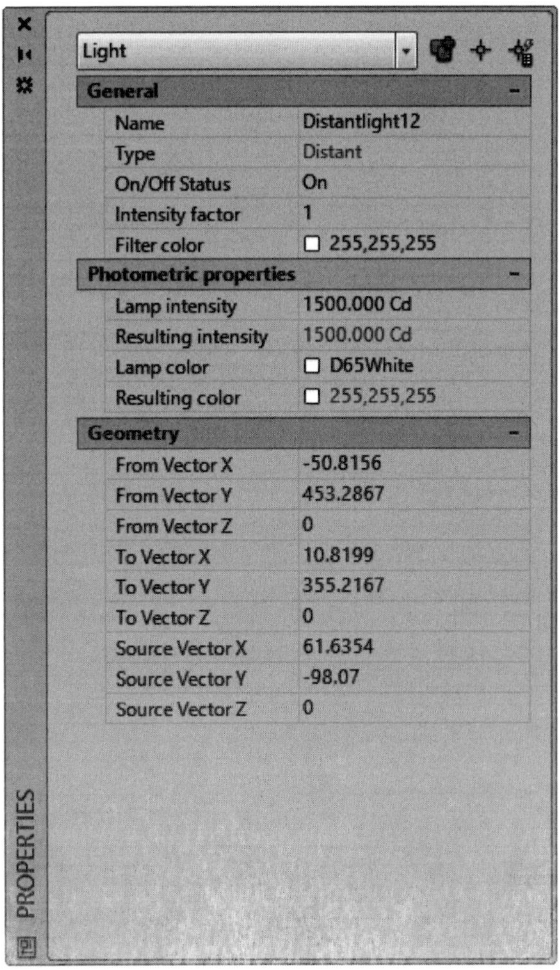

Figura 10.15: Caixa de diálogo Properties.

Exemplo - Distant lights

Vejamos como inserir uma iluminação tipo *Distant.*

Neste exemplo, preferiu-se criar umas linhas de referências antes de inserir a iluminação. Para tanto, foi feita uma linha com comprimento 130 unidades saindo do centro do assento da cadeira no sentido do eixo X negativo (figura 10.16 (a)).

Em seguida, criou-se uma linha com 100 unidades para cima, de forma a criar um triângulo retângulo. O próximo ponto foi unir estas duas linhas, fechando o triângulo.

Com as linhas criadas, iniciou-se a inserção da luz. Chame o comando, clique num ponto para definir o centro da iluminação. Neste caso, o ponto escolhido foi o ponto *A* indicado na figura 10.16(a). O próximo ponto solicitado pelo AutoCAD é o ponto que irá definir o sentido da iluminação. Você pode clicar no ponto *B* na figura 10.16 (a). Pronto, é só pressionar *Enter* que a luz está criada.

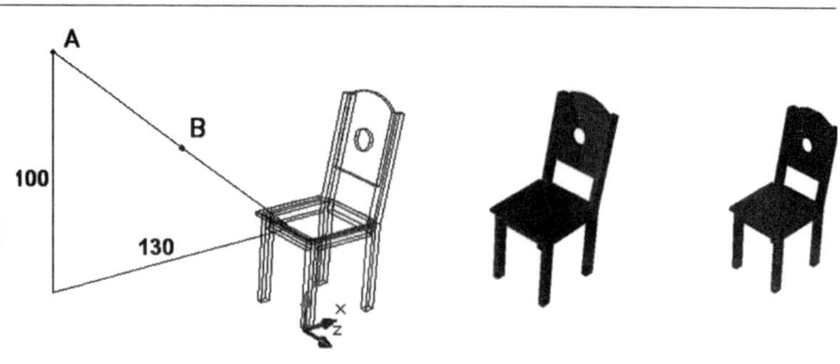

Figura 10.16: Cadeira renderizada com Distant Lights.

A figura 10.16 (b) mostra o resultado da renderização da cadeira usando a iluminação *Distant lights* criada neste exemplo.

É importante observar que como a luz não muda de intensidade com a distância, logo, quando você for definir o sentido da luz, não vai fazer diferença se você clicar no ponto *B* ou em qualquer outro ponto ao longo da reta definida pelos pontos *AB*. Você deve perceber que ao definir os dois pontos solicitados pelo AutoCAD, você está especificando o sentido da luz.

Para ficar mais claro, foi apagada a luz criada (*Distantlight12*) e inserida uma nova Distant lights, porém o primeiro ponto definido foi o *B* e o segundo foi o *A*. Com isto, o sentido da luz é de B para A, logo a cadeira não ficou iluminada. O resultado é o apresentado na figura 10.16 (c).

Web Light (Luz de rede)

Guia Visualize → Painel Lights

Atalho:

Comando: *weblight*

É uma luz em forma de rede 3D.

Procedimento: chame o comando, clique no ponto desejado para o posicionamento da lâmpada e depois no segundo ponto para definir onde o feixe de luz brilha. Pronto, basta pressionar *Enter* para finalizar ou personalizar a luz de acordo com as opções no menu suspenso que aparece assim que você define os dois pontos da luz, veja a figura 10.17.

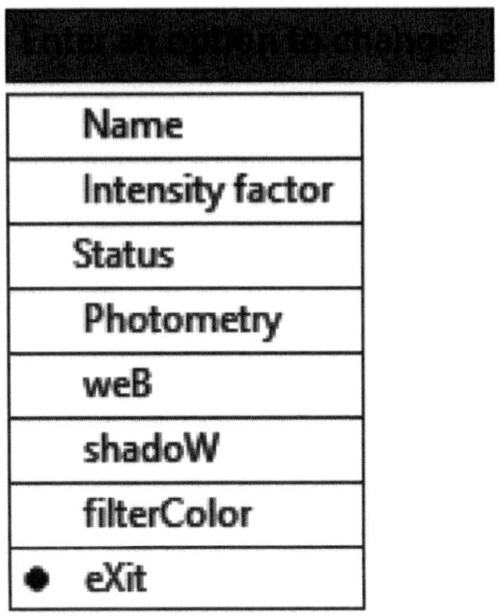

Figura 10.17: Menu suspenso Web Light.

Observe atentamente a figura 10.13 e verá que somente o item *Web* do menu suspenso não foi descrito ainda, os demais você poderá ver as suas respectivas descrições nas luzes anteriores. Então vamos lá: o item Web permite definir a intensidade da luz em pontos em uma grade esférica. Você poderá escolher usar um arquivo de teia ou apresentar uma rotação em um dos eixos X, Y e Z.

Para não tomar muito o seu tempo, não apresentarei aqui um exemplo de Iluminação tipo *Web*, isso porque o procedimento é idêntico ao da *Spot light*, ou seja, basta você especificar o ponto inicial da rede e depois o ponto onde o feixe de luz brilha.

Sun Light (Luz Solar)

Guia Visualize → Painel Sun & Location

Atalho:

Comando: *sunstatus*

O comando *Sun light* simplesmente liga ou desliga a iluminação solar. O que mais nos interessa é o comando *Sun Properties*.

O comando *Sun light* (luz solar) simula a iluminação natural do Sol. Através dela é possível definir um horário e um local da Terra para podermos checar como se comportará o Sol em diversas horas do dia. É muito útil para se fazer um estudo da iluminação natural e de como a sombra do objeto em estudo afeta o seu entorno.

Exemplo - Sun Light

Chame a função. Automaticamente o AutoCAD informará que a iluminação padrão está ativa. A caixa de diálogo apresentada na figura 10.18 aparecerá. Se você deseja fazer o estudo da luz solar sem influência da luz padrão, clique na primeira opção, a qual desliga a luz padrão *(Turn off the default lighting)*. A segunda opção é para manter a luz padrão ligada.

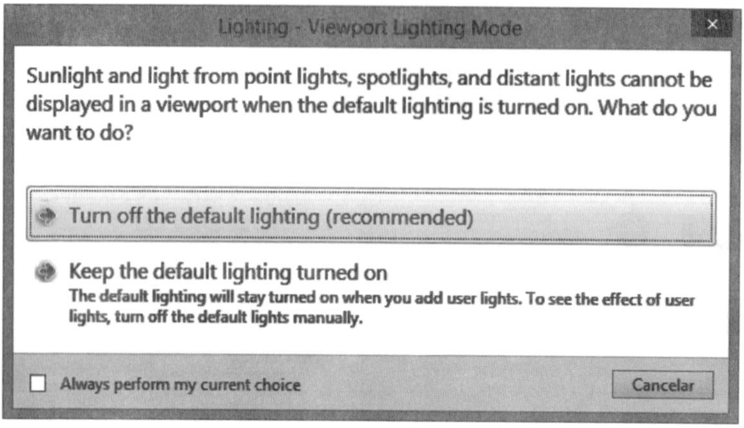

FIGURA 10.18: Caixa de alerta do modo de iluminação.

Feito isto, a luz solar já está ativa, porém antes de finalizar o AutoCAD pergunta a você se deseja ajustar as configurações da exposição ou deseja manter como está. Se desejar ajustar, clique na primeira opção da figura 10.19, se não, clique na segunda opção.

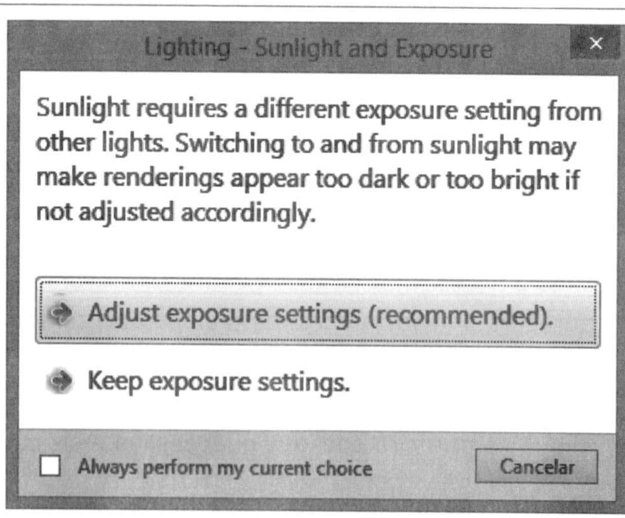

FIGURA 10.19: Caixa de alerta do Sunlight Exposure.

No caso de você desejar fazer os ajustes da iluminação, aparecerá a caixa de diálogo *Render Environment & Exposure*, a qual é reproduzida na figura 10.20.

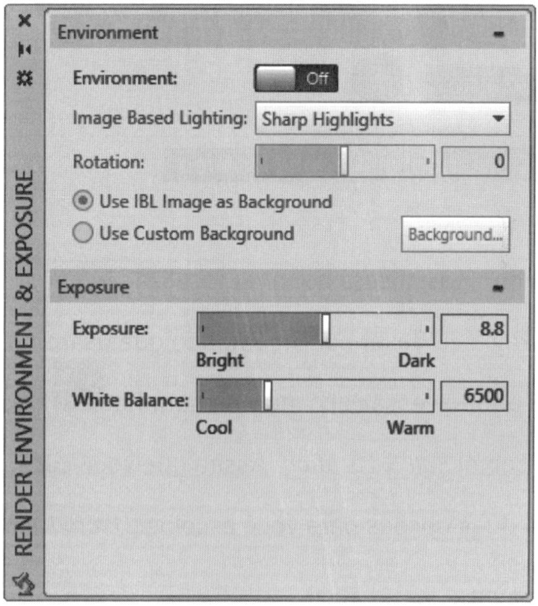

FIGURA 10.20: Caixa de diálogo Render Environment & Exposure.

A opção *Environment* permite habilitar ou não o uso de mapa de iluminação de imagem a ser aplicado na renderização. Em *Exposure*, você consegue definir o nível de brilho global a ser usado na renderização. Para clarear, você deve diminuir este valor, já para escurecer, você deverá aumentá-lo. No campo White Balance você consegue definir o valor da temperatura de cor em Kelvin para iluminação global. Se você usar um valor baixo, terá uma luz mais azulada, enquanto uma temperatura mais alta resultará numa cor mais amarelada ou avermelhada.

Geographic Location (Localização Geográfica)

Guia Visualize → Painel Sun & Location

Atalho:

Comando: *geographiclocation*

O próximo passo será definir a localização geográfica que você deseja definir para o seu desenho. O comando que usaremos é o *SetLocation* que você pode acessar clicando na setinha que aparece ao lado do nome do painel *Sun & Location.* Assim que você clicar em *Set Location,* aparecerá duas opções para você escolher: *From Map* e *From File.*

- **From File** - esta opção permite importar um arquivo do tipo .kml ou .kmz, neste caso, ao clicar, aparecerá a caixa de diálogo padrão para abrir um arquivo. Assim que localizá-lo, clique em *Abrir* e o AutoCAD automaticamente pedirá um ponto para indicar a localização desejada. Clique no ponto que desejar. Na sequência será solicitado que seja informada a posição do norte. Para isto, basta clicar no ponto desejado. Este tipo de arquivo é usado no *Google Earth.*
- **From Map** -primeiramente, o AutoCAD informa que você precisa estar logado numa conta da Autodesk para poder acessar o mapa online. Caso você não tenha conta, poderá fazê-la diretamente no

site https://accounts.autodesk.com/register. Assim que você locar, aparecerá a caixa de diálogo *Geographic Locataion* (figura 10.21). Sendo que nessa figura o mapa que aparece já está no endereço desejado. Normalmente o AutoCAD mostra inicialmente o mapa mundo. Para navegar no mapa, você pode usar o botão scrol do mouse e girá-lo para um lado e para o outro, sendo que de uma forma amplia o zoom e da outra diminui. Para movimentar o mapa, basta manter pressionado o botão esquerdo e mover o cursor de acordo com a sua necessidade.

Assim que você conseguir visualizar na tela o seu local, basta você clicar com o botão direito que aparecerá a opção *Drop Marker Herre*, conforme ilustrado na figura 10.21. Clique nesse opção que aparecerá o ícone de um pino vermelho como este  no local escolhido.

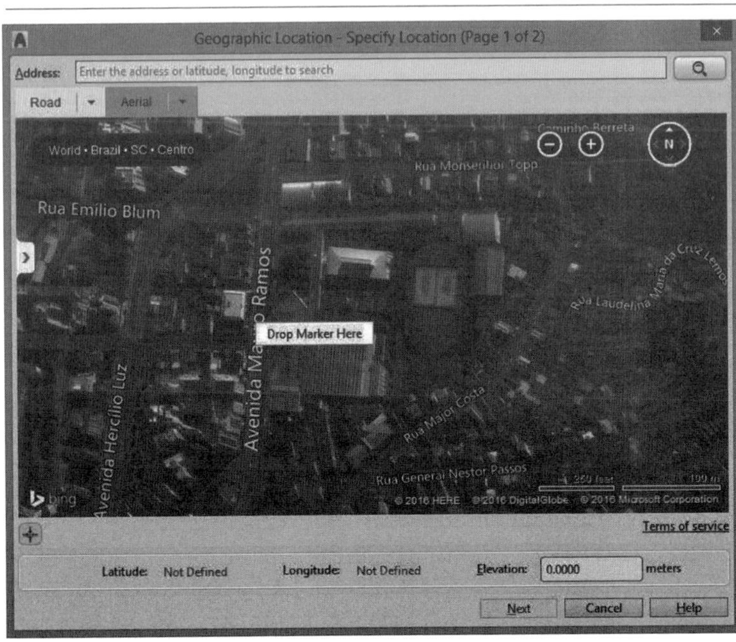

FIGURA 10.21: Caixa de diálogo Geographic Location - Specify Location (Page 1 to 2).

O passo seguinte é você clicar em Next, no botão que fica no canto inferior esquerdo da caixa de diálogo da figura 10.21. Na sequência aparece a caixa de diálogo *Geographic Location - Set Coordinate System, figura 10.22.*

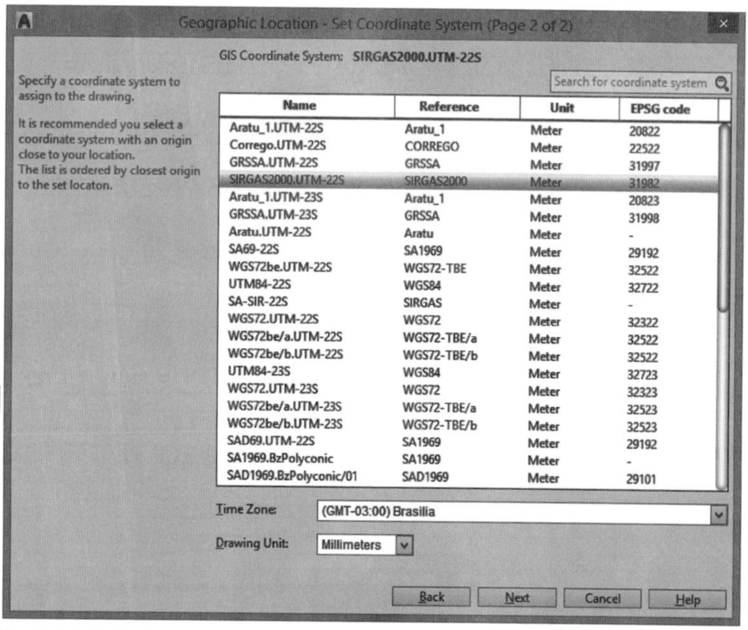

Figura 10.22: Caixa de diálogo Geographic Location - Set Coordinate System (Page 2 to 2).

A caixa de diálogo *Geographic Location – Set Coordinate System,* figura 10.22, solicita que você informe o sistema de coordenada da região. Segundo o IBGE, desde 25 de fevereiro de 2015, o SIRGAS2000 (Sistema de Referência Geocêntrico para as Américas) é o único sistema geodésico de referência oficialmente adotado no Brasil. Portanto, clique em SIRGAS2000.UTM-225, conforme destacado na figura 10.22, e clique em Next.

Assim que definir o sistema de locação, o AutoCAD pede para você especificar o ponto no projeto correspondente ao que você especificou no mapa. Definido o ponto, o próximo passo é para você especificar o norte. Logo, clique num ponto para aonde aponta o norte. Feito isso, está concluído a indicação do ponto.

Se você observar na caixa de diálogo *Geographic Location - Specify Location*, figura 10.21, perceberá que lá também tem espaço para localizar o local entrando com o endereço ou com as coordenadas. Então, se você desejar, poderá especificar umas das alternativas e clicar em *Next*. O passo seguinte é o mesmo já visto.

Propriedades da Sun Light

Um ponto importante para quem deseja fazer um estudo da iluminação solar no imóvel, é definir diferentes datas e horários. Para tanto, você pode usar as ferramentas disponíveis no Painel *Sun & Location,* na guia Visualize, ver figura 10.23. Na barra horizontal superior, você pode ajustar a data movendo o cursor para a direita ou para a esquerda. Da mesma forma você pode ajustar o horário na barra horizontal inferior.

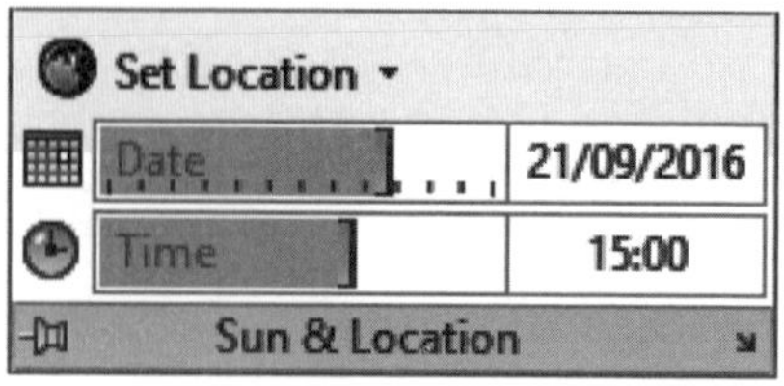

Figura 10.23: Painel de ferramentas Sun & Location.

Outra opção é você clicar na setinha  que aparece no canto inferior esquerdo do painel *Sun & Location*. Assim que clicar, aparecerá a caixa de diálogo *Sun Properties*, figura 10.24.

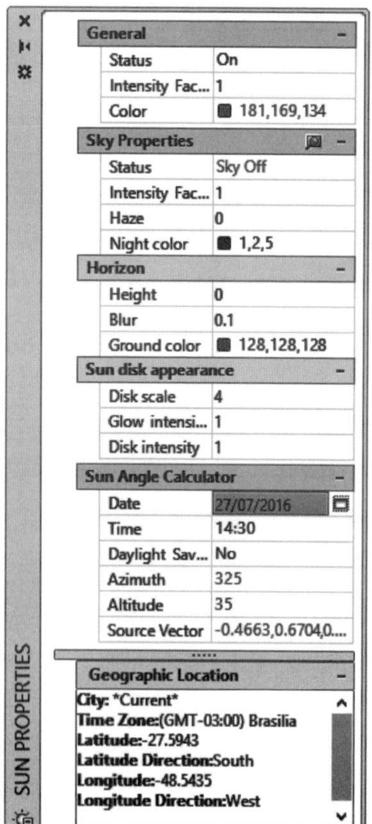

Figura 10.24: Caixa de diálogo Sun Properties.

Observe na figura 10.24 que para este exemplo foi usada uma coordenada geográfica da cidade de Florianópolis, mais especificamente em frente da IFSC (Instituto Federal Santa Catarina).

Na figura 10.25 são apresentadas diversas vistas da cadeira em horários diferentes usando a luz solar.

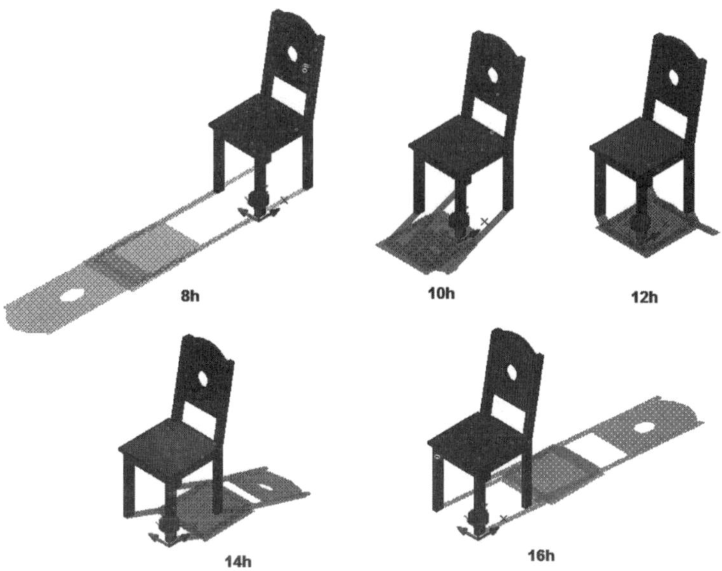

10.25: Vistas da cadeira em diferentes horários com Sun light.

No caso da figura 10.25, o resultado obtido não foi através da renderização, mas usando somente a visualização *Realistic* (capítulo 6) e ativando a opção *Ground shadows*  no *Painel Visualize* e acessando depois a barra de ferramentas *Lights*, ou através do teclado digitando *vsshadows*, clicando *Enter*, opção *1*, e *Enter* novamente.

RENDER (RENDERIZAÇÃO)

Guia Visualize → Painel Render

Atalho:

Comando: *render*

Normalmente quando começamos a fazer desenhos em 3D é porque se deseja ter como resultado final uma imagem mais realista possível. Costuma--se chamar de maquete eletrônica o resultado obtido da renderização. Esta é uma das últimas etapas do trabalho no AutoCAD, já que para se obter a imagem final é preciso ter concluído todo o desenho dela.

Assim que for chamado o comando, ele automaticamente executará a renderização e mostrará o resultado na própria tela ou abre uma janela que mostra as renderizações realizadas.

O processo de renderização é somente isso. O resultado final dependerá do que foi feito antes de chamar o comando. Por isso, veremos agora as propriedades da configuração da renderização.

Propriedades da Renderização

Você pode acessar algumas das propriedades da renderização diretamente no painel *Render* e, antes de você clicar em Render, você deve verificar essas propriedades que conversaremos a seguir e estão representadas na figura 10.26 com as suas opções destacadas ao lado dos respectivos ícones.

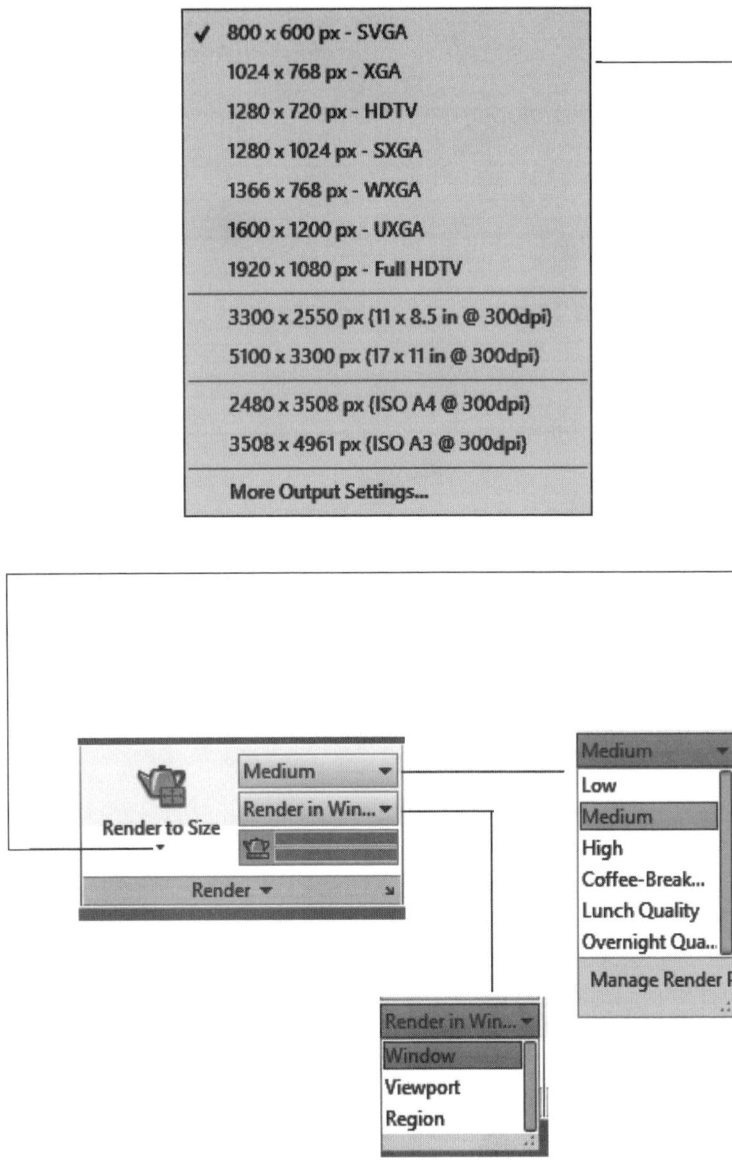

Figura 10.26:

Painel render.

Logo abaixo do ícone do comando Render, temos uma setinha  na qual você pode escolher o tamanho da imagem renderizada. No lado esquerdo da figura 10.26 aparecem as opções disponíveis. No lado direito do ícone do comando Render você pode escolher entre os padrões de qualidade sendo eles:

- **Low**: possui somente uma iteração de renderização e a profundidade de rastreio é de raio igual a 3.
- **Medium**: possui uma qualidade superior à opção anterior. Tem cinco iterações de renderização e a profundidade de rastreio é de raio igual a 5.
- **High**: possui uma qualidade de imagem muito melhor que a opção anterior, porém o tempo de renderização é bem maior. Tem 10 iterações de renderização e a profundidade de rastreio é de raio igual a 7.
- **Coffee-break**: o nome é bem sugestivo, trata-se de uma renderização rápida, cerca de 10 minutos, com precisão de renderização baixa e um raio de rastreio igual a 3.
- **Lunch quality**: possui uma qualidade superior de renderização em relação ao Coffe-break. A renderização ocorre em cerca de 60 minutos com uma precisão baixa e um raio de rastreio igual a 5.

- **Overnight quality**: aqui você terá toda potencialidade do AutoCAD na renderização, mas leva umas 12 horas para processar. Isso se você estiver usando uma máquina relativamente boa. Para essa opção, o raio do rastreio é 7. Mas antes de você usar essa opção faça os testes nas opções anteriores para checar se está tudo de acordo com o que você deseja.

Logo abaixo da onde você define a qualidade da imagem temos a opção para definir o destino da renderização. Você pode escolher entre:

- **Window**: a renderização será feita na janela do *Render*.
- **Viewport**: renderiza a janela atual sem exibir a caixa de diálogo *Render* para retribuições subsequentes.
- **Region**: esse é idêntico à opção anterior, porém você pode definir uma área para renderizar. Muito útil quando você está fazendo testes finais de renderização e tem dúvida somente em uma área. Assim que chamar o comando Render, o AutoCAD pedirá para você clicar num ponto para definir o início da área e pedirá outro ponto para marcar o limite da mesma. A renderização iniciará na sequência.

Se você desejar, também poderá acessar essas opções de renderzação através da caixa de diálogo *Render Presets Manager.*Para tanto, clique na setinha  que aparece ao lado do nome do Painel *Render* ou digite **rpref** e pressione enter que aparecerá a caixa de diálogo *Render Presets Manager* apresentada na figura 10.27.

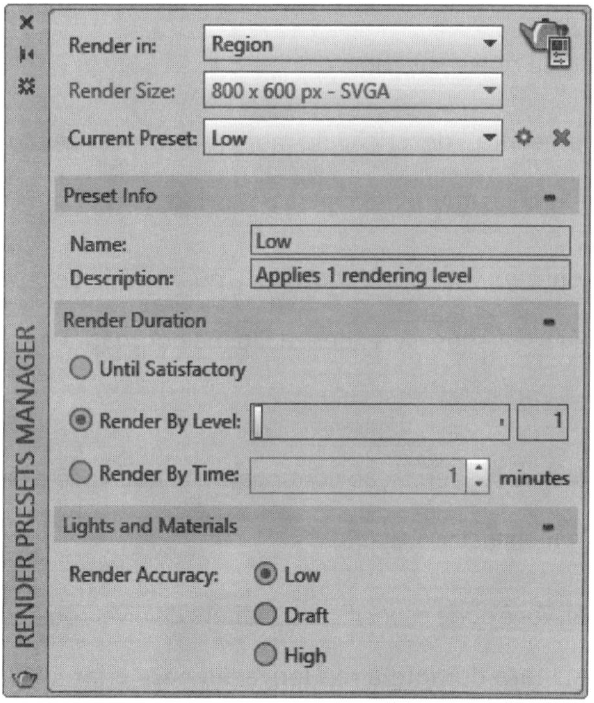

10.27: Caixa de diálogo Render Presets Manager.

Conforme você pode observar na figura 10.27, há itens que já vimos anteriormente, por isso, veremos somente as novidades:

- **Current Preset**: especifica o modelo de renderização a ser usado durante a renderização. Aqui você tem a possibilidade de criar novos modelos. Basta clicar no ícone para criar uma cópia do modelo atual. O AutoCAD sugere inicialmente um nome com o acréscimo de

Copy e um número. Isso ficará assim até que você altere o nome no campo que fica logo abaixo e veremos a seguir.

- **Name**: nome do modelo de renderização atual. Aqui você pode alterar o nome do modelo que você criou.
- **Description**: apresenta a descrição do modelo de renderização atual. Você pode personalizar o modelo que você criou.
- **Render Duration**: aqui você pode controlar a quantidade de tempo ou o número de níveis usados na renderização melhorando-a de acordo com a sua necessidade.
- **Until Satisfactory**: a renderização continuará até que você a cancele pressionando a tecla Esc.
- **Render by Level**: você pode especificar o número de níveis ou iterações que o AutoCAD fará durante a renderização para criar a imagem. Quanto maior for o número, melhor será a qualidade da imagem, porém maior será o tempo para a renderização.
- **Render by Time**: aqui você pode especificar o número em minutos que o AutoCAD levará para a renderização.
- **Render Accuracy**: esse item realiza o controle da precisão da iluminação e os cálculos usados na definição dos materiais para a criação das imagens.

- **Low**: esse é o modelo mais simples, porém mais rápido, no qual a iluminação global, a reflexão e a refração são desativadas.
- **Draft**: esse é o modelo básico de iluminação, no qual a iluminação global é ativada, porém a reflexão e refração continuam desativadas.
- **High**: aqui temos a opção mais avançada. Todos os itens são ativados: a iluminação global, a reflexão e a refração.

Isso era o que eu tinha para mostrar a você sobre renderização. Não que o AutoCAD só tenha isso de configurações, mas o nosso objetivo aqui não é torná-lo um especialista no tema, mas sim capaz de realizar uma renderização. Então, se você desejar, vamos dar uma olhada nos próximos itens que teremos exemplos de renderização da nossa cadeira.

TUTORIAL: RENDERIZANDO UMA CADEIRA COM ILUMINAÇÃO PADRÃO

Após toda esta teoria sobre imagens realistas de um objeto, certamente você deve estar querendo saber como tudo isto funciona na prática.

Neste exemplo serão explicados os passos para a obtenção de uma imagem realista da cadeira desenvolvida no capítulo 8.

PASSO 1

Abrir o arquivo que contém o objeto do qual se deseja obter a imagem renderizada. Neste caso, o objeto é a cadeira.

PASSO 2

Definir o material que será usado na cadeira.

Neste exemplo usaremos os materiais disponíveis na paleta de materiais (figura 10.2). Para facilitar a visualização da aplicação dos materiais, você pode trabalhar no modo de visualização *Realistic* . Desta forma, você conseguirá acompanhar a aplicação de materiais. Uma forma de você aterar o modo de visualização é clicando em *Realistic*  na primeira opção do Painel *View*, da Guia *Home*. Se você estiver na Guia *Visualize*, você pode clicar na primeira opção do Painel *Visual Styles*.

Para isso, chame a biblioteca padrão de materiais através do Painel *Materials*, da Guia *Visualize*. Automaticamente aparecerá a biblioteca conforme ilustrado na figura 10.28.

Primeiramente precisamos saber qual material será usado. Você pode escolher o que desejar ou seguir o que usaremos como exemplo. A nossa cadeira será feita de madeira, por isso escolheremos duas madeiras, mas uma clara e outra escura para facilitar na visualização. Os materiais que usamos foram o *Birch - Natural No Gloss* e o *Bocote*. Você pode procurar o material diretamente na lista de materiais ou pode digitar parte do nome no espaço em branco no início da caixa de diálogo de materiais. No meu caso, como eu não sabia exatamente qual material usaria, digitei *wood* (madeira) para fazer um filtro. Assim, o AutoCAD listou todos os materiais que possuem essa palavra no nome (*name*) e/ou no tipo (*type*) e/ou na categoria (*category*), conforme você pode ver na figura 10.28.

Assim que você visualizar o material, você pode clicar com o botão esquerdo sobre o mesmo e mantê-lo pressionado, na sequência, arraste-o até o objeto que você deseja definir como sendo esse material. Por fim, solte o botão esquerdo. Automaticamente o material é adicionado ao objeto e também na lista de materiais do arquivo atual, ou seja, do desenho atual. Ele fica na primeira parte da caixa de materiais, observe a figura 10.28 e veja que os dois materiais estão também na parte inicial da caixa de materiais.

Após o material ser adicionado à lista do arquivo que você está trabalhando, se você for adicioná-lo novamente a um outro objeto, selecione o material que está na lista do arquivo e não na geral. Assim você não ficará com materiais repetidos.

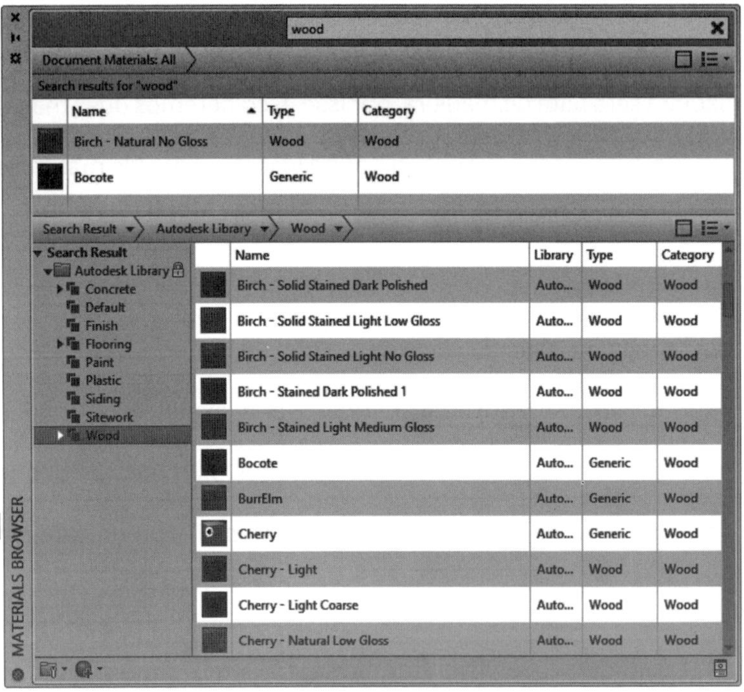

Figura 10.28: Caixa de diálogo Materiais Browser - Filtro Wood.

Então vamos lá, aplicaremos os nossos materiais. Primeiro, clique com o botão esquerdo sobre o material *Bocote* e o mantenha pressionado. Em seguida, arreste-o até um dos pés da cadeira e solte o botão. Automaticamente o material foi adicionado ao pé da cadeira e a sua lista de materiais. Repita o procedimento para todos os demais itens da cadeira, menos o acento e o encosto. Lembre-se de arrastar o material da sua lista e não da geral do AutoCAD.

Agora definiremos o material do acento e do encosto. Para tanto, clique com o botão esquerdo sobre o material *Birch - Natural No Gloss* e o mantenha pressionado. Arraste-o até ficar sobre o assento e solte-o. Pronto, você já adicionou o material ao acento e a sua biblioteca. Agora repita para o encosto, mas pegue o material da sua biblioteca (parte superior da caixa de materiais).

Passo 3

Colocar o objeto na vista em que você deseja obter a imagem.

Você poderá proceder de inúmeras formas, uma delas é usar o comando *Orbit* e rotacionar até que a cadeira fique no ângulo de vista desejado. Usamos simplesmente o comando *Southwest Isometric*. Na figura 10.25 você pode ver a cadeira na posição que usamos.

Passo 4

Criar uma vista para ser gerada a renderização a partir dela.

Para tanto, usaremos o *View Manager* para criá-la. O comando *View Manager* você pode acessar clicando em *View Manager* na opção que aparece no painel *View* da Guia *Home*, conforme ilustrado na figura 2.24. Se desejar, você poderá acessá-lo também através do ícone  localizado no *Painel View*, da Guia *Visualize*, e ainda tem a opção de digitar *view* e pressionar enter. Assim que chamar o comando, aparecerá a caixa de diálogo *View Manager*, que você pode revê-la na figura 6.25 ou na 10.29.

Para você criar uma nova vista, clique em *New*, na caixa de *diálogo View Manager*, figura 10.29. Em seguida, o AutoCAD apresentará a caixa de diálogo *New View / Shot Properties*, figura 6.26. No cam*po View name*, especifique o nome que você deseja para a vista. No nosso caso, usamos Cadeira SW Isometric.

Para esse exemplo, usaremos o fundo branco. Logo precisamos definir uma nova cor no campo *Background*. Neste caso, selecione a opção *Solid*, em *Background*, e depois especifique a cor *True Color255, 255, 255* (um fundo branco). Para especificar essa cor, você precisa somente apagar o nome (três números) da cor que está aparecendo em *Color* e depois colocar o número corresponde a cor desejada. No nosso caso, é *255, 255, 255*.

Assim que definir a cor do fundo, clique em *Ok*.Na figura 10.29 é apresentado o resultado. Neste caso, não iremos definir nenhuma iluminação especial, usaremos a iluminação padrão do AutoCAD.

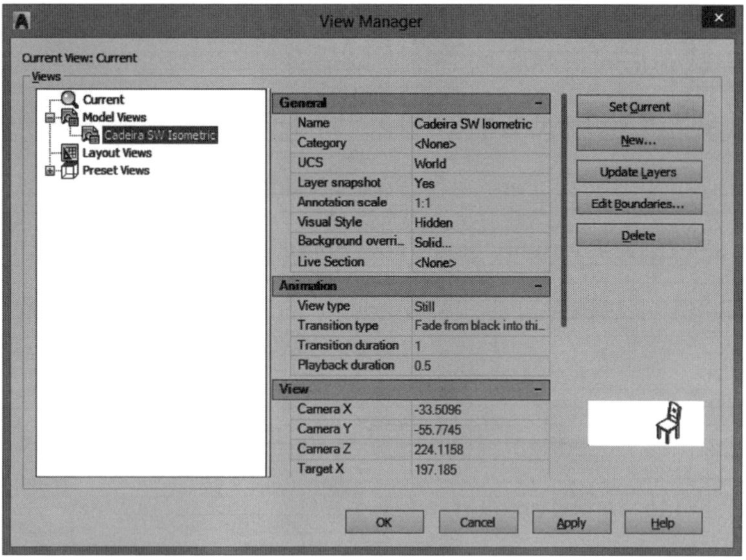

10.29: Caixa de diálogo View Manager.

Voltando para a caixa de diálogo *View Manager* (figura 10.29), antes de concluir o comando, você precisa definir que esta cena é a ativa. Para tanto, em *Views*, clique no nome da vista que você deseja renderizar e, em seguida, clique em *Set Current*.

Para concluir, clique em *Apply* e depois em *Ok*.

PASSO 5

Definir as configurações mínimas para renderização.

Antes de você escolher o acabamento final para a renderização, selecione o modo simples para fazer uma previa rápida da renderização. Assim conseguiremos visualizar se está saindo de acordo com o que esperamos.

Primeiro definiremos o tamanho da imagem, para isso, clique em *Render to size*, logo abaixo do ícone do *Render* , conforme figura 10.26. Usaremos a primeira opção 800x600 SVGA. Em seguida, definiremos o padrão de acabamento da renderização. Para isso, clique ao lado do comando *Render*, figura 10.26, e selecione a primeira opção *Low*. Por último, selecionaremos o destino da imagem. Nesse caso, clique ao lado do ícone Render e selecione a opção Window.

Pronto, já fizemos as configurações básicas para podermos usar o comando Render. Então, vamos ao último passo.

Passo 6

Obter a imagem renderizada da cadeira.

Após definir as configurações como: material, iluminação (iluminação padrão - *Default Lighting*) e a vista, podemos fazer a renderização da imagem. Como nesse caso é um exemplo sem o uso de iluminação personalizada, basta certificar de que a iluminação padrão está ativa. Para tanto, observe se o ícone da *Default Lighting* está ativo ou não no painel *Lights* e *Sun & Location* na Guia *Visualize*, conforme ilustrado na figura 10.6.

O processo de renderização é muito simples: basta você chamar o comando *Render* que o resultado será apresentado na janela *Render Window* (figura 10.30).

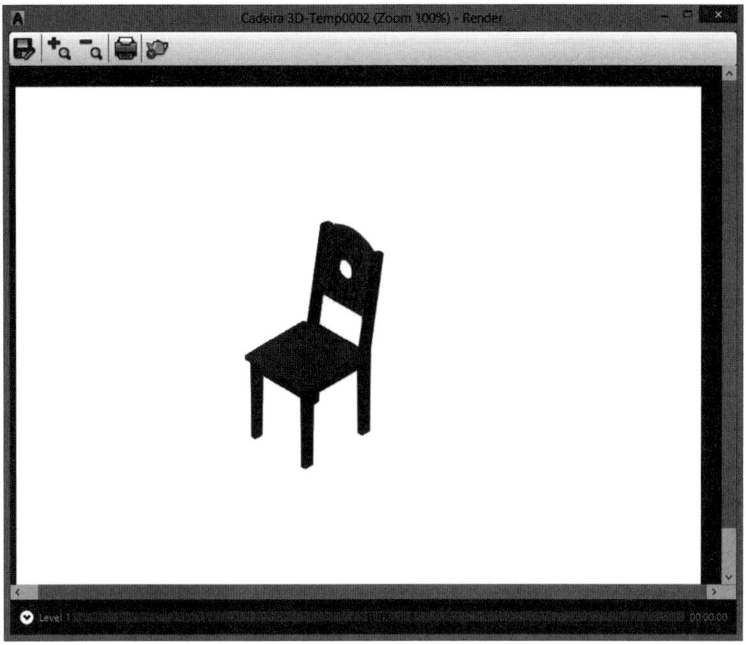

10.30:
Resultado da renderização da cadeira.

Você pode visualizar a imagem renderizada na janela de renderização, figura 10.30, e depois verificar se o resultado está a contento ou não. Caso desejar, poderá alterar a resolução e a qualidade da renderização para fazer uma imagem mais realista. O procedimento é o mesmo, basta alterar as configurações desejadas e clicar em Render.

Agora veremos um exemplo de como fazer uma renderização usando iluminações artificiais.

TUTORIAL: RENDERIZANDO UMA CADEIRA COM ILUMINAÇÃO *POINT LIGHT*

No exemplo anterior vimos como obter uma imagem da cadeira, usando somente a iluminação padrão existente no AutoCAD. Agora veremos como ficará a mesma imagem usando uma iluminação criada por você, neste exemplo usaremos a iluminação *Point light*, mas faremos outros exemplos também na sequência.

A seguir, veremos os passos que faremos para a renderização, seguindo o mesmo molde que fizemos no exemplo anterior. Porém, os passos que forem idênticos, não serão repetidos aqui. Se você tiver alguma dúvida, você pode voltar ao respectivo passo que explicarei novamente.

Então, vamos lá:

Passo 1

Abrir o arquivo que contém o objeto do qual se deseja obter a imagem renderizada. Neste caso, o objeto é a cadeira. Igual ao passo 1 do exemplo anterior.

Passo 2

Definir o material que será usado na cadeira. Igual ao passo 2 do exemplo anterior. Se desejar, poderá usar outros materiais ou deixar o mesmo para observar a diferença.

PASSO 3

Criar a iluminação para a nova cena.

Usaremos uma iluminação pontual. Chame o comando *New Point light* , automaticamente aparecerá uma caixa de diálogo perguntando se você deseja desligar a iluminação padrão *(Default lighting)*. Neste caso, clique na primeira opção *(Turn off the default lighting (recommended))*, figura 10.31.

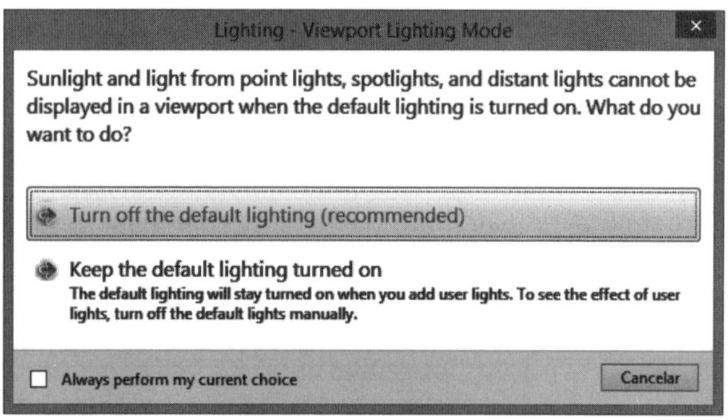

FIGURA 10.31: Resultado da renderização da cadeira.

Agora precisamos definir o ponto no qual ficará a luz. Neste exemplo foi feito o seguinte: clicou-se com o botão esquerdo do mouse sobre o centro do furo feito no encosto e pressionou-se *Enter*. Não foi realizada nenhuma alteração da luz e nenhum nome foi definido para ela.

Em seguida, defina as propriedades que você deseja para a renderização e clique em Render . O resultado é o apresentado na figura 10.33 (a).

Observe que o resultado não é lá grandes coisas, já que a iluminação está praticamente dentro da cadeira.

Logo, precisamos definir um novo local para a iluminação, já que onde ficou não ilumina adequadamente. Para isso, após concluir o comando *New Point Light*, chame o comando *Move* , clique no ícone da luz pontual  que deve estar no furo do encosto da cadeira e pressione *Enter*. Agora você precisa definir o ponto inicial para a base do comando *Move*. Você pode defini-lo no centro do furo da cadeira ou em qualquer outro ponto que desejar. Na sequência, vamos digitar a coordenada de forma a mover a luz 60 unidades para frente e mais 80 unidades para cima. Logo, digite *@-150,0,80* (lembrando que o uso do @ é desnecessário se você estiver com a entrada dinâmica ativa) e pressione *Enter*. O valor negativo é porque, no nosso caso, o eixo X está com o sentido crescente para o fundo da cadeira, conforme você pode ver na figura 10.25.

O valor da coordenada definida poderia ser qualquer outro. Porém conforme for o valor dela, mais distante ou mais próxima da cadeira ficará a lâmpada e isto influenciará diretamente na luminosidade da mesma. Os demais fatores podem permanecer os mesmos.

Passo 4

Colocar o objeto na vista em que você deseja obter a imagem. Igual ao passo 3 do exemplo anterior. Como você já criou a vista, não há necessidade de repetir tudo, você pode usá-la. Para isso, observe as opções no painel Views, da Guia Visualize, figura 10.32, a primeira opção é o nome da vista que criamos no exemplo anterior. Basta você clicar nela que o AutoCAD exibirá a cadeira de acordo com a vista criada.

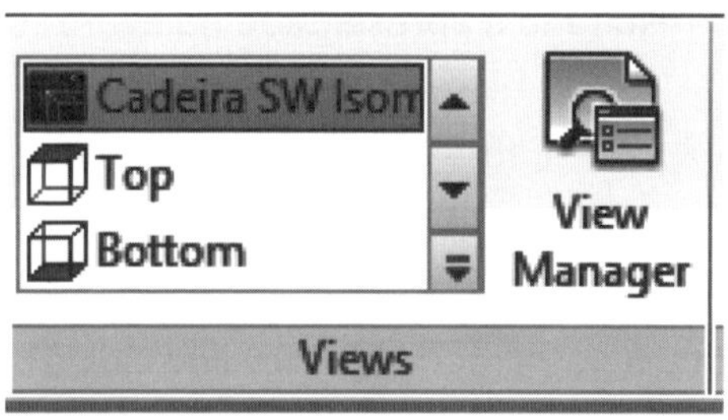

10.32: Painel Views da Guia Visualize.

Passo 5

Você pode pular esse passo caso tenha usado a vista já criada. Se não, criar uma vista para ser gerada a renderização a partir dela. Igual ao passo 4 do exemplo anterior.

Passo 6

Definir as configurações mínimas para renderização. Você pode proceder da mesma forma que fizemos no Passo 5 do exemplo anterior.

Passo 7

Obter a imagem renderizada da cadeira. Igual ao passo 6 do exemplo anterior, porém você precisa certificar se a iluminação padrão está desligada ( *Default Lighting)*. O resultado é apresentado na figura 10.33 (b).

Observe se o resultado é o esperado, se não, você pode mover a luz e fazer tantos testes quanto desejar.

Na figura 10.33 (c) fizemos outra renderização movendo a lâmpada para -400,0,80 do furo do encosto da cadeira. Já a imagem (d), fizemos um movimento de 200 no sentido do eixo y, movemos no total -400,-200,80. Observe que o resultado é totalmente diferente.

(a) (b) (c) (d)

Figura 10.28: Caixa de diálogo Materiais Browser - Filtro Wood.

TUTORIAL: RENDERIZANDO UMA CADEIRA COM ILUMINAÇÃO *SPOT LIGHT*

No exemplo anterior vimos como obter uma imagem da cadeira usando uma iluminação *Point Light*. Agora repetiremos o procedimento, porém criando uma iluminação *Spot Light*.

Seguindo o mesmo molde do exemplo anterior, não serão repetidos aqui os passos que forem idênticos ao anterior. Se você tiver alguma dúvida, você pode voltar ao respectivo passo que explicarei novamente.

Então, vejamos:

PASSO 1

Abrir o arquivo que contém o objeto do qual se deseja obter a imagem renderizada. Neste caso, o objeto é a cadeira. Igual ao passo 1 do exemplo anterior.

PASSO 2

Definir o material que será usado na cadeira. Igual ao passo 2 do exemplo anterior. Se desejar, poderá usar outros materiais ou deixar o mesmo para observar a diferença.

Passo 3

Criar a iluminação para a nova cena.

Antes de criar a lâmpada, precisamos definir o ponto no qual ficará a luz e o ponto onde ficará o foco da luz. Para facilitar a inserção da iluminação, prefiro fazer umas linhas auxiliares para inserir a lâmpada diretamente nela. Para isso, observe a figura 10.34

Para criar o ponto onde está a lâmpada, foi feita uma linha saindo do centro do furo do encosto. Essa linha tem distância 400 no eixo X, 200 no eixo Y e 80 no eixo Z. Você também pode fazer uma linha diretamente do centro do furo usando a coordenada -400,-200,80.

Esse (-400,-200,80) será o ponto que usaremos para inserir a lâmpada, porém, precisamos definir o ponto do foco da lâmpada. Para isso, crie uma linha que ligue o ponto (-400,-200,80) ao canto da cadeira, conforme ilustrado na figura 10.34. O ponto do foco será na metade dessa linha.

Então vamos lá. Chame o comando *Spot* , se você estiver com a iluminação padrão *(Default lighting)* ligada, automaticamente aparecerá uma caixa de diálogo perguntando se você deseja desligá-la. Neste caso, clique na primeira opção *(Turn off the default lighting (recommended))*, figura 10.31. Em seguida, clique no ponto distante -400,-200,80 do centro do furo do encosto da cadeira.Conforme ilustrado na figura 10.34, tem o ícone da lâmpada no formato de lanterna. Na sequência, temos que definir o foco da lâmpada, nesse caso clique na metade da linha que liga o ponto onde está a iluminação ao canto da cadeira, conforme indicado na figura 10.34. Feito isso, pressione enter para encerar o comando. Inicialmente não faremos nenhuma alteração na iluminação. Siga os passos seguintes e no fim faremos outra renderização, alterando essa iluminação.

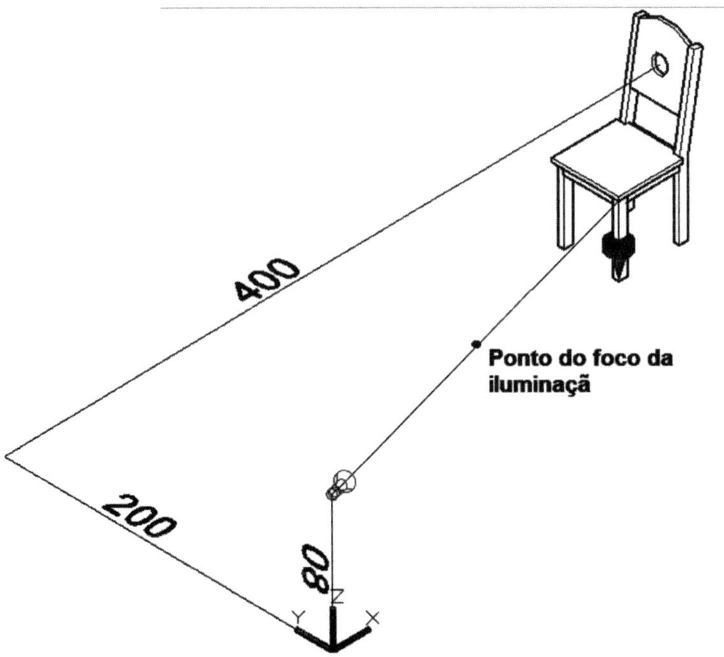

10.34: Resultado da renderização usando iluminação.

PASSO 4

Colocar o objeto na vista em que você deseja obter a imagem. Igual ao passo 4 do exemplo anterior.

PASSO 5

Você pode pular esse passo caso tenha usado a vista já criada. Se não, criar uma vista para ser gerada a renderização a partir dela. Igual ao passo 5 do exemplo anterior.

PASSO 6

Definir as configurações mínimas para renderização. Você pode proceder da mesma forma que fizemos no Passo 6 do exemplo anterior.

PASSO 7

Obter a imagem renderizada da cadeira. Igual ao passo 7 do exemplo anterior. Só lembre-se de verificar se a iluminação padrão está desligada ( *Default Lighting)* . O resultado é apresentado na figura 10.35 (a).

Observe se o resultado é o esperado, se não, você pode mover a luz e fazer tantos testes quanto desejar.

Na figura 10.35 (b) fizemos uma pequena alteração na propriedade da iluminação. Foi alterado o *Hotspot angle* para 5 e o *Falloff angle* para 10. Para você fazer isso depois que a iluminação já está inserida, é muito simples. Chame o comando Properties.Para isso, digite pr e pressione enter, Em seguida, aparece a caixa de diálogo Properties, conforme ilustrado na figura

10.36. Depois clique sobre o símbolo da iluminação Spot que o AutoCAD exibirá as propriedades da iluminação.

(a) (b)

10.35: Resultado da renderização usando iluminação Spot.

Observe bem no início da caixa de diálogo *Properties* as opções *Hotspot angle* e altere o valor para 5 e o *Falloff angle* para 10, conforme você pode verificar na figura 10.36.

Na sequência, é só mandar renderizar. O resultado é apresentado 10.35(b). Observe que, como fechamos a abertura da "lanterna" (iluminação), a cadeira ficou com uma parte clara e outra parte escura.

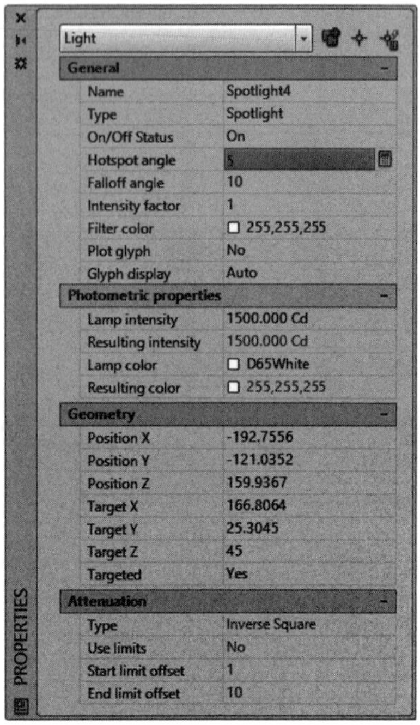

Figura 10.36: Propriedades da iluminação Spot.

Apêndice A

MINIDICIONÁRIO TÉCNICO

Com o intuito de auxiliar quem tem dificuldade com a língua inglesa, criei um apêndice com a tradução inglês-português das palavras mais usuais no AutoCAD.Assim, quando for necessário saber o significado de uma palavra importante, basta consultar rapidamente este apêndice.

Entretanto, muitos termos utilizados no AutoCAD não existem, são aglutinações de palavras, por isso você pode não encontrar essas palavras em dicionários comuns. Apesar disso, optei por fazer uma interpretação dessas ocorrências. Os resultados estão apresentados entre aspas e as palavras foram organizadas em ordem alfabética.

Above - sobre

Add - adicionar

Advanced - avançado

Align - alinhar

Aligned - alinhado

All - todo

Angle - ângulo

Apply - aplicar

Arc - arco

Area - área

Arrow - seta

Background - plano de fundo

Begin - iniciar

Beige - bege

Below - abaixo

Block - bloco

Blue - azul

Box - caixa

Brass - bronze

Brown - marrom

Cancel - cancelar

Center - centro

Chanfer - chanfro

Chrome - cromo

Circle - círculo

Close - fechar

Color - cor

Command - comando

Cone - cone

Convert - converter

Copy - copiar

Corner - canto

Current - corrente (atual)

Cut - cortar

Cyan - ciano

Cylinder - cilindro

Dark – cor escura

Default – padrão

Definition – definição

Delete – "apagar"

Dependent – dependente

Detail – detalhe

Device – dispositivo

Diameter – diâmetro

Dimension – dimensão

Display – mostrar (exibir)

Distance – distância

Down – embaixo (para baixo)

Draw – desenhar

Drawing – desenho

Dynamic – dinâmico

Edit – editar

Editor – editor

Elipse – elipse

Endpoint – "fim de uma linha"

Equal – igual

Erase – borracha

Exit – sair

Explode – explodir

Export – exportar

Extend – estender

Extent – extensão (máximo)

Extrude – "extrudar"

Fast – rápido

File – arquivo

Filename – "nome do arquivo"

Fillet – "tornar cantos redondos"

Find – procurar

First – primeiro

Fit – ajustar

Format – formato (formatar)

Four – quatro

From - de

Full - tudo

Glass - vidro

Gold - ouro

Granite - granito

Gray - cinza

Green - verde

Grid - grade

Hatch - hachura

Height - altura

Help - ajuda

Hidden - escondido (oculto)

High - alto

Horizontal - horizontal

How - como

Import - importar

In - dentro

Insert - inserir

Interfere - interferir

Intersect - interseção

Intersection - interseção

Layer - camada

Layout - disposição

Left - esquerda

Length - comprimento

Library - biblioteca

Light - luz

Limits - limites

Line - linha

Linear - linear

Linetype - "tipo de linha"

List - lista

Load - carregar

Lock - fechar (trancar)

Low - pequeno (baixo)

Lower - baixar

Make - fazer

Marble - mármore

Mass - massa

Matte - opaco

Medium - médio

Metalic - metálico

Midpoint - "meio de uma linha"

Minimal - mínimo

Mirror - espelho

Model - modelo

Modify - modificar

Move - mover

Multilines - "muitas linhas"

Name - nome

Nearest - aproximadamente ("ponto sobre o objeto")

New - novo

Object - objeto

Off - desligado

Offset - "copiar com distâncias definidas"

Old - velho, antigo

On - ligado

Open - abrir

Orange - laranja

Ortho - "mantém movimentos horizontal e vertical"

Out - fora

Overall - global (total)

Page - página

Pan - "deslocar a tela"

Paper - papel

Paste - colar

Pattern - padrão (molde, design)

Perpendicular - perpendicular

Pick - escolher

Pink – rosa

Plastic – plástico

Plot – plotar

Point – ponto

Polygon – polígono

Polylines – várias linhas

Precision – precisão

Preview – pré-visualização

Previous – previamente (anteriormente)

Primary – primário

Properties – propriedades

Purple – roxo

Quadrant – quadrante

Quick – rápido

Radium – raio

Realtime – "tempo real"

Recently – recentemente

Rectangle – retângulo

Red – vermelho

Redo – refazer

Reflection – reflexão

Refraction – refração

Regen – "regenerar"

Remove – remover

Rename – "dar um novo nome"

Render – "renderização"

Revolve – revolucionar

Right – direita

Ring – anel

Rotate – girar

Rotation – rotação

Roughness – aspereza

Scale – escala

Scene – cenas

Scratch – risco (riscar)

Second - segundo

Section - seção

Select - selecionar

Set - marcar (indicar)

Settings - quadro

Setup - configuração (organização)

Shade - sombra

Sharpness - agudez

Single - simples (único)

Slice - fatiar

Snap - "restringe movimentos para pontos"

Space - espaço

Specify - especifique

Spelling - ortografia

Sphere - esfera

Spline - "curvas especiais"

Standard - padrão

Start - iniciar

Status - situação, posição (status)

Style - estilo

Subtract - subtrair

Table - tabela

Tangent - tangente ("ponto tangente")

Template - molde (modelo)

Text - texto

Three - três

Tile - azulejo, telha

Time - tempo

Toolbars - "barras de ferramentas"

Tools - ferramentas

Torus - anéis "rosquinha"

Trim - aparar (cortar)

Turn - tornar (transformar)

Two - dois

Undo - desfazer

Uniform - uniforme

Union - união

Units - unidades

Update - atualizar

Variable - variável

Vertical - vertical

View - visualizar

Viewport - "janela"

Violet - violeta

Wedge - cunha

White - branco

Width - largura

Window - janela

Wood - madeira

Workplace - "local de trabalho"

Yellow - amarelo

Zoom - "ampliar"

REFERÊNCIAS BIBLIOGRÁFICAS

BUGAY, Edson Luiz. *AutoCAD 2011 da Modelagem à Renderização em 3D*.ed. Florianópolis: VisualBooks, 2010, V.1. 445p.

KATORI,Rosa. *Autocad 2016 - Modelando em 3D*. São Paulo:Senac, 2016, 468p.

OLIVEIRA, Adriano de.*AUTOCAD 2015 3D AVANÇADO - Modelagem e Render com Mental Ray*. Editora Érica. 2015, 376p.

SILVEIRA, Samuel João da. *Aprendendo AutoCAD 2015: Simples e Rápido*. 1. ed. Florianópolis: VisualBooks, 2015. v. 1. 320p.

SILVEIRA, Samuel João da. *AutoCAD 2009 3D*. 1. ed. Florianópolis: VisualBooks, 2009. v. 1. 192p.

Anotações

Impressão e acabamento
Gráfica da Editora Ciência Moderna Ltda.
Tel: (21) 2201-6662